Clóvis Garcia

A crítica como ofício

Governo do Estado de São Paulo

Governador
Geraldo Alckmin

Secretário Chefe da Casa Civil
Arnaldo Madeira

Imprensa Oficial do Estado de São Paulo

Diretor-presidente
Hubert Alquéres

Diretor Vice-presidente
Luiz Carlos Frigério

Diretor Industrial
Teiji Tomioka

Diretora Financeira e Administrativa
Nodette Mameri Peano

Chefe de Gabinete
Emerson Bento Pereira

Chefe do Núcleo de Projetos Institucionais
Vera Lucia Wey

Fundação Padre Anchieta

Presidente
Marcos Mendonça

Diretora de Projetos Especiais
Adélia Lombardi

Diretor de Programação
Mauro Garcia

Coleção Aplauso Críticas

Coordenação Geral
Rubens Ewald Filho

Coordenação Operacional e Pesquisa Iconográfica
Marcelo Pestana

Projeto Gráfico
Carlos Cirne

Editoração
Marli Santos de Jesus

Assistência Operacional
Andressa Veronesi

Clóvis Garcia
A crítica como ofício

organização Carmelinda Guimarães

São Paulo – 2006

© **imprensaoficial** 2006

Dados Internacionais de Catalogação na Publicação
Biblioteca da Imprensa Oficial do Estado de São Paulo

Garcia, Clóvis
   Clóvis Garcia : a crítica como ofício / Carmelinda Guimarães – São Paulo : Imprensa Oficial do Estado de São Paulo : Cultura - Fundação Padre Anchieta, 2006.
304p. – (Coleção aplauso. Série teatro Brasil / coordenador geral Rubens Ewald Filho)

   ISBN 85-7060-233-2 (obra completa) (Imprensa Oficial)
   ISBN 85-7060-429-7 (Imprensa Oficial)

   1. Crítica teatral 2. Teatro - História e crítica I. Guimarães, Carmelinda II.Ewald Filho, Rubens. III. Título. IV. Série.

CDD 792.015 098 1

Índices para catálogo sistemático:
1. Teatro : Brasil : História e crítica   792.015 098 1

Foi feito o depósito legal na Biblioteca Nacional (Lei nº 1.825, de 20/12/1907).
Direitos reservados e protegidos pela lei 9610/98

Imprensa Oficial do Estado de São Paulo

Rua da Mooca, 1921 – Mooca
03103-902 – São Paulo – SP – Brasil
Tel.: (0xx11) 6099-9800
Fax: (0xx11) 6099-9674
www.imprensaoficial.com.br
e-mail: livros@imprensaoficial.com.br
SAC 0800-123401

Apresentação

"O que lembro, tenho."
Guimarães Rosa

A *Coleção Aplauso*, concebida pela Imprensa Oficial, tem como atributo principal reabilitar e resgatar a memória da cultura nacional, biografando atores, atrizes e diretores que compõem a cena brasileira nas áreas do cinema, do teatro e da televisão.

Essa importante historiografia cênica e audiovisual brasileiras vem sendo reconstituída de maneira singular. O coordenador de nossa coleção, o crítico Rubens Ewald Filho, selecionou, criteriosamente, um conjunto de jornalistas especializados para realizar esse trabalho de aproximação junto a nossos biografados. Em entrevistas e encontros sucessivos foi-se estreitando o contato com todos. Preciosos arquivos de documentos e imagens foram abertos e, na maioria dos casos, deu-se a conhecer o universo que compõe seus cotidianos.

A decisão em trazer o relato de cada um para a primeira pessoa permitiu manter o aspecto de tradição oral dos fatos, fazendo com que a memória e toda a sua conotação idiossincrásica aflorasse de maneira coloquial, como se o biografado estivesse falando diretamente ao leitor.

Gostaria de ressaltar, no entanto, um fator importante na *Coleção*, pois os resultados obtidos ultrapassam simples registros biográficos, revelando ao leitor facetas que caracterizam também o artista e seu ofício. Tantas vezes o biógrafo e o biografado foram tomados desse envolvimento, cúmplices dessa simbiose, que essas condições dotaram os livros de novos instrumentos. Assim, ambos se colocaram em sendas onde a reflexão se estendeu sobre a formação intelectual e ideológica do artista e, supostamente, continuada naquilo que caracterizava o meio, o ambiente e a história brasileira naquele contexto e momento. Muitos discutiram o importante papel que tiveram os livros e a leitura em sua vida. Deixaram transparecer a firmeza do pensamento crítico, denunciaram preconceitos seculares que atrasaram e continuam atrasando o nosso país, mostraram o que representou a formação de cada biografado e sua atuação em ofícios de linguagens diferenciadas como o teatro, o cinema e a televisão – e o que cada um desses veículos lhes exigiu ou lhes deu. Foram analisadas as distintas linguagens desses ofícios.

Cada obra extrapola, portanto, os simples relatos biográficos, explorando o universo íntimo e psicológico do artista, revelando sua autodeterminação e quase nunca a casualidade em ter se tornado artista, seus princípios, a formação de sua personalidade, a *persona* e a complexidade de seus personagens.

São livros que irão atrair o grande público, mas que – certamente – interessarão igualmente aos nossos estudantes, pois na *Coleção Aplauso* foi discutido o intrincado processo de criação que envolve as linguagens do teatro e do cinema. Foram desenvolvidos temas como a construção dos personagens interpretados, bem como a análise, a história, a importância e a atualidade de alguns dos personagens vividos pelos biografados. Foram examinados o relacionamento dos artistas com seus pares e diretores, os processos e as possibilidades de correção de erros no exercício do teatro e do cinema, a diferenciação fundamental desses dois veículos e a expressão de suas linguagens.

A amplitude desses recursos de recuperação da memória por meio dos títulos da *Coleção Aplauso,* aliada à possibilidade de discussão de instrumentos profissionais, fez com que a Imprensa Oficial passasse a distribuir em todas as bibliotecas importantes do país, bem como em bibliotecas especializadas, esses livros, de gratificante aceitação.

Gostaria de ressaltar seu adequado projeto gráfico, em formato de bolso, documentado com iconografia farta e registro cronológico completo para cada biografado, em cada setor de sua atuação.

A *Coleção Aplauso,* que tende a ultrapassar os cem títulos, se afirma progressivamente, e espera contemplar o público de língua portuguesa

Companheiro de muitos seminários, nacionais e internacionais, de cansativos festivais de teatro pelas mais variadas cidades do interior do Brasil e do exterior. Me lembro uma vez que visitamos juntos o museu Reina Sofia em Madrid. Ele me deu a melhor aula de artes plásticas que já tive. Sabia tudo de todas as obras.

Viajamos várias vezes para o Festival do Porto, em Portugal. Ao seu lado, um festival nunca era cansativo, por maior que fosse o número de peças que tivéssemos que assistir.

Também nunca o vi cochilar durante uma representação (fato tão comum entre críticos que já chegou a ser tema de reflexão em encontros da Associação Internacional de Críticos de Teatro).

Serão poucos estes motivos para que eu me debruce mais uma vez sobre um tema na dura tarefa de escrever um livro? Não. Tenho a firme convicção que estou deixando um testemunho fundamental para a crítica de teatro do Brasil das próximas gerações, organizando este trabalho sobre a obra do crítico e professor Clóvis Garcia.

Um modelo de crítico humanista, fundamental num momento que a crítica enverada pelo perverso caminho do sarcasmo diante da obra de arte e pelo desrespeito ao artista e ao trabalho intelectual.

com o espectro mais completo possível dos artistas, atores e diretores, que escreveram a rica e diversificada história do cinema, do teatro e da televisão em nosso país, mesmo sujeitos a percalços de naturezas várias, mas com seus protagonistas sempre reagindo com criatividade, mesmo nos anos mais obscuros pelos quais passamos.

Além dos perfis biográficos, que são a marca da *Coleção Aplauso*, ela inclui ainda outras séries: *Projetos Especiais*, com formatos e características distintos, em que já foram publicadas excepcionais pesquisas iconográficas, que se originaram de teses universitárias ou de arquivos documentais pré-existentes que sugeriram sua edição em outro formato.

Temos a série constituída de roteiros cinematográficos, denominada *Cinema Brasil*, que publicou o roteiro histórico de *O Caçador de Diamantes*, de Vittorio Capellaro, de 1933, considerado o primeiro roteiro completo escrito no Brasil com a intenção de ser efetivamente filmado. Paralelamente, roteiros mais recentes, como o clássico *O Caso dos Irmãos Naves*, de Luis Sérgio Person, *Dois Córregos*, de Carlos Reichenbach, *Narradores de Javé*, de Eliane Caffé, e *Como Fazer um Filme de Amor*, de José Roberto Torero, que deverão se tornar bibliografia básica obrigatória para as escolas de cinema, ao mesmo tempo em que documentam essa importante produção da cinematografia nacional.

Gostaria de destacar a obra *Gloria in Excelsior*, da série *TV Brasil*, sobre a ascensão, o apogeu e a queda da TV Excelsior, que inovou os procedimentos e formas de se fazer televisão no Brasil. Muitos leitores se surpreenderão ao descobrirem que vários diretores, autores e atores, que na década de 70 promoveram o crescimento da TV Globo, foram forjados nos estúdios da TV Excelsior, que sucumbiu juntamente com o Grupo Simonsen, perseguido pelo regime militar.

Se algum fator de sucesso da *Coleção Aplauso* merece ser mais destacado do que outros, é o interesse do leitor brasileiro em conhecer o percurso cultural de seu país.

De nossa parte coube reunir um bom time de jornalistas, organizar com eficácia a pesquisa documental e iconográfica, contar com a boa vontade, o entusiasmo e a generosidade de nossos artistas, diretores e roteiristas. Depois, apenas, com igual entusiasmo, colocar à disposição todas essas informações, atraentes e acessíveis, em um projeto bem cuidado. Também a nós sensibilizaram as questões sobre nossa cultura que a *Coleção Aplauso* suscita e apresenta – os sortilégios que envolvem palco, cena, coxias, *set* de filmagens, cenários, câmeras – e, com referência a esses seres especiais que ali transitam e se transmutam, é deles que todo esse material de vida e reflexão poderá ser extraído e disseminado como interesse que magnetizará o leitor.

A Imprensa Oficial se sente orgulhosa de ter criado a *Coleção Aplauso*, pois tem consciência de que nossa história cultural não pode ser negligenciada, e é a partir dela que se forja e se constrói a identidade brasileira.

Hubert Alquéres
Diretor-presidente da
Imprensa Oficial do Estado de São Paulo

Um humanista na crítica teatral

Entro na sua sala de professor do Departamento de Artes Cênicas da Escola de Comunicações e Artes da Universidade de São Paulo. Paredes forradas de livros, a velha e útil máquina de escrever sobre a escrivaninha de aço cheia de papéis, as confortáveis poltronas de couro. É a mesma sala que freqüento há 30 anos. Parece que o tempo não passa por aqui.

Lembro da apresentação que ele escreveu para minha tese de doutorado sobre Antunes Filho. *"Quem vê Carmelinda Guimarães com seu tipo mignon, com um rosto quase ingênuo no qual uns óculos tentam dar um ar doutoral, não pode calcular que, atrás dessa imagem quase adolescente, se esconde uma pesquisadora séria, incansável, persistente, apaixonada por seus temas, mas conseguindo um distanciamento necessário para uma análise objetiva e crítica".*

Dei-me conta que ele me vê com os mesmos olhos com os quais me conheceu há trinta anos, quando eu era uma jovem atarefada editora do Suplemento Literário de *O Estado de S.Paulo*. No entanto muito tempo se passou e percorremos muitos caminhos juntos.

Estou aqui sentada nesta sala aonde ele me ajudou a superar momentos de dúvida em minha carreira de estudiosa de teatro. Lembro de nossas conversas, dos livros que me emprestou para meus trabalhos de pesquisa, e principalmente das palavras de incentivo e apoio que sempre recebi dele. Não de paternalismo, mas de apoio, daquele tipo de que conduz um jovem à luta, no caminho do bem.

Entre tantos professores foi sempre ele quem me indicou a forma de pleitear uma bolsa de estudos ou de chegar ao entendimento mais claro de uma questão teatral, quando algum autor ou professor me enredava nos caminhos complexos da semiologia do teatro. Ele clareava aquilo que parecia obscuro ou incompreensível, abria caminhos que pareciam intransponíveis.

Anos mais tarde, quando fiquei amiga de Martim Esslin, George Banú e Moisés Perez Coterillo, entendi que esta clareza pertence aos grandes críticos. Passei a admirar ainda mais a simplicidade de meu mestre e colega Clóvis Garcia.

Colega que tinha sempre todas as informações necessárias para as intermináveis e estressantes reuniões de votações de prêmios de teatro que participávamos juntos todos os finais de ano, APCA, AICT, Moliére, SNT, FUNART. Qualquer informação que se precisasse sobre alguma peça, autor, ator, diretor ou técnico ele tinha prontamente à mão, no fichário impecável que carregava sempre consigo. Sua informação era sempre a mais sólida e consistente. Sua figura o fiel da balança nas discussões.

Data vênia, querido professor Clóvis, vou invadir seu mundo.

Carmelinda Guimarães

Uma Breve Biografia

Menino do interior

Clóvis Garcia nasceu em 28 de fevereiro de 1921, no distrito de Cândido Rodrigues (hoje município independente), em Taquaritinga, interior de São Paulo, aonde o pai era sócio-proprietário de uma fazenda de café. Cidade relativamente pequena, que apesar do *"boom"* do suco de laranja - atual economia da região - manteve as características da época do café.

Filho de Pedro Garcia Veiga de Oliveira, primeiro tabelião de Taquaritinga, que reduziu seu extenso nome para Pedro Garcia, em função da profissão, que exigia constantes assinaturas, e de Isolina Mattos Garcia. Clóvis também optou pela redução do sobrenome.

Conta que seu avô materno, Manuel José Ribeiro Reis Antunes da Costa Mattos, era o designado da família em Portugal, para ser padre. Porém, antes de entrar no seminário deram ao eleito um passeio. Então ele ia às Índias para que visitar o irmão que morava lá e, na volta, seria consagrado padre. O avô foi visitar o irmão e, *"quando passou pelo Rio de Janeiro, desceu lá, lá ficou e conheceu minha avó"*. Assim inicia-se a família materna de Clóvis no Brasil. A família paterna vem de Ihabela, que teria se originado de um capitão português, que naufragou no século XVIII e lá constituiu sua família.

Em Taquaritinga, Clóvis mora até 1933, quando faz doze anos. Lembra que na cidade havia um belo Teatro Municipal, *"com pinturas barrocas italianas, no teto, figuras mitológicas... E eu comecei a fazer teatro aí, veja bem, porque na minha escola tinha uma professora que gostava de fazer festas em que se tinham danças, esquetes, etc., era um verdadeiro teatro de revista"*.

Seu pai, *"que adorava viajar e tinha um fordinho"*, veículo usado para passar as férias em Ribeirão Preto, detestava teatro, não gostava nem de cinema, *"ao contrário gostava mesmo era de caçar, só assistia filme que tinha caçada de animais"*. Mesmo assim, ele brincava em casa de teatrinho, pendurando panos no varal e utilizando um baú com roupas velhas. *"Cobrava um tostão por pessoa. Chamávamos esta brincadeira de cirquinho"*, conta. *"Eu já tinha tendência para teatro"*.

Aos quatro anos já freqüentava o cinema, naquela época não existia a censura. Um dos filmes que se lembra de ter visto foi *Cobra*, com Rodolfo Valentino, em 1925. Os filmes eram exibidos no Teatro Municipal, onde a família possuía uma frisa.

Com nove anos apaixonou-se. O Circo Irmãos Françoá esteve em Taquaritinga apresentando o melodrama *Os Dois Órfãos*, representados por duas meninas, *"uma loura e a outra morena"*. Clóvis e um amigo chamado Orestes, foram assistir e apaixonaram-se cada um por uma intérprete. Chegaram a ponto de querer fugir com o circo. *"Graças a deus, ou não, não sei, na última hora faltou coragem e não fugimos com o circo."*

Sua primeira peça de teatro "mesmo", foi *O Feitiço*, de Oduvaldo Vianna Filho, com a Cia. Teatral de Procópio Ferreira. Era 1932 e Clóvis, com 11 anos de idade, fugiu duas vezes de casa para participar da Revolução Constitucionalista de 1932. Queria se apresentar em São Paulo para ser mensageiro:

"Da primeira vez, quando cheguei à estação de trem Santa Ernestina, pediram minha passagem, como eu não tinha, tive que descer e voltar a pé para Taquaritinga. Na segunda tentativa, fui até o gabinete do prefeito pedir que me desse passe, para que eu pudesse ir até São Paulo me apresentar como mensageiro – minha idéia era que um garoto de 11 anos, poderia correr muito mais que um adulto. O homem disse que iria dar, mas foi chamar o meu pai, que me deu um belo sermão e me pôs de castigo."

Em 1934, foi estudar o curso secundário no Colégio Atheneu Paulista, em Campinas (hoje o colégio não existe mais), onde conta que participou de muitas atividades esportivas. Forma-se em 1935.

Nas arcadas

Estudando Direito com Paulo Autran e Filosofia com Tatiana Belinky

Aos 15 anos veio para São Paulo onde cursou o Pré-Jurídico na Faculdade de Direito da Universidade de São Paulo, nos anos de 1936/37.

Presta vestibular em 1939 em duas faculdades: Direito no Largo de São Francisco, da Usp, e em Filosofia na São Bento, hoje PUC, passando nas duas.

Fez o primeiro ano da Faculdade de Filosofia, onde conheceu Tatiana Belinky, mas abandonou o curso, porque nessa época, também, fazia o CPOR (Centro de Preparação de Oficiais da Reserva), e precisava levantar às quatro horas da madrugada, e ainda, trabalhava à noite, como revisor no Correio Paulistano, onde o pai era correspondente.

Enquanto estudante trabalhou num jornal católico, chamado Legionário. Saiu porque percebeu que estava sendo dado um encaminhamento político muito de "direita". Começou a participar de atividades acadêmicas.

Integrou, quando estava se formando, a grande campanha contra o Eixo, em 1942, que pedia para o Brasil entrar na guerra.

Em 1941 é declarado aspirante oficial da reserva e em 1943 é promovido a segundo tenente R/2.

Forma-se Bacharel em Ciências Jurídicas e Sociais na Faculdade de Direito da Universidade de São Paulo, em 1942. Segundo ele, o curso foi o que deu abertura para todas as suas atividades, inclusive teatro.

Abre junto com Paulo Autran um escritório de advocacia. Um mês depois, após terem perdido "vergonhosamente" uma ação, Clóvis saiu do escritório porque achou que não tinha vocação para ser advogado.

Pracinha da II Guerra

Em 1943 participa da Força Expedicionária Brasileira, na Itália, sendo promovido a primeiro tenente. Clóvis e um colega, em 02 de julho de 1944, se apresentaram como voluntários. Participou do treinamento para pracinhas em Pindamonhangaba, interior de São Paulo. Tinha, então, 23 anos.

"Quando o Brasil entrou na guerra, em agosto, eu estava fazendo estágio como aspirante oficial da reserva, em Pindamonhangaba. Eu e o Túlio Campelo que era de lá, estávamos juntos e decidimos nos apresentar como voluntários, já que nós tínhamos pedido a guerra. Vários colegas meus, da minha turma, fizeram discurso na Praça da Sé, mas nenhum se apresentou e nem foi".

Em 15 de setembro de 44, estava na linha de frente. Foi ferido em 26 de novembro, teve a oportunidade de deixar a guerra, mas preferiu voltar ao campo de batalha. Participou da tomada da Divisão Alemã e da famosa Campanha da Primavera.

Sua participação na FEB ficou registrada nos capítulos *Os primeiros ataques a Monte Castelo* e *O serviço Médico da FEB,* visto por um combatente, do livro *Depoimentos de oficiais da reserva sobre a FEB,* com edição esgotada. Estes ensaios são as suas primeiras produções literárias e o tornaram conhecido como escritor.

Em 1945, volta da guerra, fica um pouco em Caçapava e, quando é liberado, retorna para São Paulo. Nessa época, o pai morre de pneumonia e ele traz a família toda para a Capital. Passa a ser arrimo de família aos 24 anos. Estava três anos atrasado na faculdade, em relação a sua turma.

Presta concurso e vai trabalhar como escriturário do IPESP – Instituto de Pesquisa de São Paulo - depois passa a procurador e, chega a ser presidente.

É importante ainda lembrar que de maio de 1957 a junho de 1958, enquanto presidia o IPESP, Clóvis Garcia tratou de reorganizar essa autarquia, transformando-a de sistema obsoleto de pecúlios em pensões mensais atualizadas, construiu núcleos habitacionais, entre os quais o da Areia Branca, em Santos, para atender os flagelados dos morros santistas. Este núcleo habitacional, concluído na gestão do presidente seguinte, recebeu o seu nome. Também construiu o Hospital do Servidor Público e financiou cerca de 400 obras do Estado.

A paixão pelo teatro

É na faculdade de Direito que nasce a paixão pelo teatro:

"Naquele tempo, havia o hábito dos alunos da faculdade de fazer shows e sair se apresentando pelo interior. Aliás, eu conheci o Silnei Silqueira assim. As famílias faziam almoço e ofereciam para os estudantes. Eu tinha 14 anos e ele, estudante de Direito, veio almoçar na minha casa. Mas, aí, o Paulo Autran estava organizando esses shows, esquetes e me convidou".

Seu primeiro personagem foi um menino recitando. Também fez *A Dama das Camélias,* no papel de Armando Durvalino (paródia do galã original).

"Tatiana Belinky Gouveia, que me conhecia da Faculdade de Filosofia, montou o Grupo de Teatro Escola de São Paulo junto com o marido dela, o Júlio Gouveia, e fizeram a encenação de Peter Pan, que ela me convidou para participar".

Peter Pan estréia em 1949, numa montagem que revelou grandes atores. A direção era de Júlio de Gouveia. Clóvis fazia o pai de Wendy e seus irmãos. Foi a sua estréia oficial. No elenco: Tatiana Belinky

Gouveia, Sergio Rosemberg, Lúcia Lambertini, Clovis Garcia, Hayde Bittencourt, Nelson Schor, Sonik Vaz, Evon Kuperman, André Gouveia, Nestor Schor, Benjamin Belinky, Aldo Lazzerini, Raymundo Victor Duprat, Roberto Zambelli e Milton Cesar Pestana e Alberto Guzik

"Minha primeira peça séria. Daí minha marca com o teatro infantil. Fizemos apresentações por São Paulo inteiro".

Clóvis conta que Paulo Autran conhece Mr. Eagling – diretor de um grupo de teatro inglês amador e consegue que ele faça a direção de um grupo amador no TBC. Em 1949, estreava *A noite de 16 de janeiro*, de Ayn Rand, um julgamento em que o público decidia o final, haviam dois finais preparados. Foi a primeira experiência em teatro interativo.

No elenco: Paulo Autran, Nydia Lícia, Coelho Neto, Renato Consorte, Marina Freire, Abílio Pereira de Almeida e Célia Biar.

"Um elenco que hoje seria difícil conseguir".

Em conseqüência disso foi convidado pelo TBC para a peça seguinte: *Arsênico e Alfazema*, encenada também em 49, com Cacilda Becker e Madalena Nicol fazendo as velhas. Clóvis interpretou o Sargento Brophy. A Direção de Adolfo Celi. No elenco ainda constavam: J.E. Coelho Neto, Ruy Afonso machado, Moisés Leiner, Celia Biar, Mauricio Barroso, Haroldo Gregory, Milton Ribeiro, A.C. Carvalho, Carlos Vergueiro, Geraldo P. Jordão e José Expedito de Castro.

O TBC estava se profissionalizando. Clóvis percebeu que seria difícil conciliar teatro profissional com sua profissão de procurador. Não queria se profissionalizar porque não era bom ator. Deixou a Companhia. Fez ainda uma telenovela chamada *A Grande Mentira*, na Rede Globo.

Depois disso dirigiu as peças: *O Boi e o Burro, a caminho de Belém*, da Maria Clara Machado, com elenco de crianças, *"o que hoje não faria porque sou contra criança até certa idade representar para público heterogêneo"*; *A Noite será como Dia* (1952), Grupo de Juventude Universitária Católica, no Mosteiro de São Bento; *Um menino nos foi dado* (1952), ambas as peças de Marcos Barbosa. Dirigiu ainda o Grupo Operário do Ipiranga, no Moinho Velho, *"perto do Ipiranga"*, na peça *Quem casa quer casa*, de Martins Pena (1957).

Fundou, com Eny Autran e Evaristo Ribeiro, e dirigiu o GTA - Grupo de Teatro Amador de São Paulo -, *"olha que pretensão"*. A estréia do grupo amador foi no Teatro Municipal de São Paulo com a peça *Está lá fora o Inspetor*, de J.B. Priestey, em 1950. Fizeram sucesso, obtiveram críticas favoráveis, *"inclusive do Décio de Almeida Prado, que fez muitas restrições a mim como ator, com razão"*.

Fizeram depois uma peça chamada *Pantominia Trágica*, de Guilherme de Figueiredo, (personagens da Commédia Dellárte eram como operários de hoje), Eny Autran era a Colombina e Ítalo Rossi, o Arlequim. A direção era de Evaristo Ribeiro.

O GTA lançou vários atores, entre eles, Ítalo Rossi, Carlos Zara e Rubens de Falco. O grupo montou ainda as peças *Corda*, de Patrick Hamilton (1951)e *Férias de Verão*, de Mirabeu (1952).

"A história do teatro amador de São Paulo pára no TBC, mas o movimento amador continuou. Inclusive o Antunes Filho surge daí".

"Até que o jornal, para fazer economia, me dispensou, cortando a seção de crítica"

Sua atuação como crítico ficou marcada, também, como coordenador de debates em 21 episódios semanais da TV Cultura, no programa Teatro Aberto.

A trajetória de cenógrafo a crítico

Nesta época, Clóvis começa a pintar. Expõe no II Salão Paulista de Arte Moderna, o quadro chamado: *Copo Amarelo* e ilustra o livro de poesias *Descalça*, de Eny Autran. Evaristo, então, teve a idéia de chamá-lo para fazer o cenário da próxima peça do GTA, *Pantomima Trágica*, de Guilherme de Figueiredo, que tinha somente três personagens e nenhum era o tipo de Clóvis. Assim começava a carreira de cenógrafo em 1951.

"Como fui bem no cenário da peça comecei a fazer cenografia para grupos amadores e profissionais".

Fez, também, para o GTA os cenários de *Fora da Barra* (1952), de Sutton Vance e de *Férias de Verão*, de Mirabeau – para este também criou a indumentária.

Ainda na década de 50, realizou as cenografias para a Cia. Amando Couto Ludy Velloso, Cia Graça Mello, Teatro Íntimo Nicette Bruno, para o Grupo de Teatro XI de Agosto da Faculdade de Direito do Largo São Francisco, Grêmio Teatral Politécnico, Grupo cena, Cia. Teatro do Povo e Cia. Sérgio Cardoso-Nydia Lícia.

Casa-se em 1952. Faz seu último espetáculo pelo GTA, no qual, Lourdes, sua esposa, participa como atriz. *"O Décio inclusive disse que ela era a atriz revelação do ano."*

"A partir daí, eu continuei como cenógrafo e crítico, sempre com um problema muito sério de ética, de como criticar as peças em que eu assinava a cenografia. Se eu não escrevesse, era injusto com o grupo. Se eu escrevia, podiam pensar que eu estava interessado em fazer uma boa crítica porque o cenário era meu.

Hoje, sou favorável não escrever. O crítico está comprometido com o espetáculo não pode escrever. Outra coisa que fazia, mas achava injusto, era apenas registrar: "cenário do cronista", quando o trabalho de sua autoria era bom. Por outro lado, se o trabalho não estava bom, ele justificava-se pela falta de tempo ou de verba e dizia: "infelizmente, o cenário é muito ruim."

Clóvis achou que estava errado e, quando criticava espetáculos que tinha criado a cenografia passou apenas a dizer: *"cenário do cronista"*.

Na década de 60, realizou para o Teatro Popular do SESI, as seguintes cenografias: *A Cidade Assassinada* (1963), de Antônio Callado; *Noites Brancas, de Caprichos de Amor*, de Marivaux; *A Sapateira Prodigiosa* (1964); *O Avarento* (1965), de Molière; *Manhãs de Sol* (1966), de Oduvaldo Vianna, e *Intriga e Amor* (1969), de Schiller. As peças foram dirigidas por Osmar Rodrigues Cruz.

"Fiz sete cenários para o Sesi, dos quais acho que dois eram muito bons. Manhã de Sol, o penúltimo, era muito ruim. Eu acho muito boa a cenografia de O Avarento, *de Molière, um cenário que não foi compreendido. Usei gravuras da época fotografadas e ampliadas. Ao mesmo tempo que era histórico não era museu porque usava fotografia. Fui muito elogiado por D'Aversa em* A Sapateira Prodigiosa

(1964). *O título da crítica era:* No Maria Dela Costa está o Garcia, *mas não o Lorca"*.

Em 1975, faz orientação da cenografia de *O Porco Ensangüentado*, de Consuela de Castro, na EAD.

Em 82, faz a cenografia de *Prometeu Libertado*, de Miroel Silveira, baseado em Esquilo, TECA.

É como cenógrafo que Clóvis Garcia está identificado no *Quem é Quem nas Artes e nas Letras do Brasil* (1966), uma publicação do Ministério das Relações Exteriores.

Nesta década ainda fez cenários para O Teatro Íntimo Nicette Bruno, para o Grupo de Teatro XI de Agosto da Faculdade de Direito do Largo São Francisco e para a EAD.

Iniciando a crítica teatral

Clóvis Garcia comenta, em 1952, o trabalho de Antunes Filho como diretor de teatro amador na estréia de *Os Outros*:

(...) A peça, bastante indecisa e com soluções pouco imaginosas, serviu para Antunes Filho demonstrar que possui qualidades de direção que ainda poderão ser desenvolvidas. Naturalmente a sua inexperiência fez com que desse aos vários personagens estilos diversos de direção, tentando estilizações que nem ele nem os atores estavam

em condições de realizar. De qualquer modo o espetáculo apresentou um vigor cênico que é raro entre amadores. (...)

Ele chama atenção já nos primeiros comentários para aquela que será a principal característica do diretor:

Antunes Filho é um exemplo de progresso pelo esforço e perseverança. Já anotamos aqui as suas qualidades intuitivas de diretor. Sem qualquer apoio ou orientação, como acontece em nosso meio quando alguém decide dedicar-se ao teatro, Antunes Filho vai progredindo à custa de suas próprias experiências. Em Chapeuzinho Vermelho, sua primeira tentativa de teatro infantil, conseguiu resultados apreciáveis, tendo em vista as deficiências da peça (...)

Este é o começo da carreira do crítico teatral iniciada em 1951, na extinta Revista *O Cruzeiro*, uma das publicações mais importantes do país.

"Minha melhor fase como crítico foi na Revista Cruzeiro, apesar de ser menos experiente e menos conhecedor de teatro".

Ele define seu modelo de análise com o seguinte esquema de crítica: 1. Introdução, 2. Texto (Escola Teatral: 2.1. autor e 2.2. peça), 3. Direção, 4. Concepção do Espetáculo, 5. Interpretação, 6. Cenografia/Figurinos, 7. Música/Coreografias e 8. Espetáculo.

Podemos ver esta estrutura bem definida, em várias de suas críticas nesta época:

Introdução

É realmente animador que uma companhia nova como a Cia. Delmiro Gonçalves, contando com elementos jovens, um diretor em seu terceiro trabalho...

Texto

(...) Considerado na Itália como sucessor de Pirandello, Ugo Betti, tem sido comentado, discutido e aplaudido...

Em A Ilha de Cabras *os temas da solidão do homem, da luta entre a razão e o instinto, do sexo como elemento coercitivo das ações humanas, são manejados com rara maestria dramática e senso poético.*

Direção

(...) Rubens Petrilli Aragão, se já era considerado como um diretor dos mais promissores entre os novos, com este trabalho se firma definitivamente numa posição de destaque.

Interpretação

Das figuras femininas da peça encarregam-se Margarida Rey, Dina Lisboa e Sylvia Orthof. A primeira atingiu um nível raro entre as nossas atrizes....

Cenários e Figurinos

O cenário de Vacarini, limitado às deficiências do pequeno auditório realizou satisfatoriamente...

Enfim, a Cia. Delmiro Gonçalves apresentou no Brasil Ugo Betti, num espetáculo que não se pode deixar de assistir mais uma vez.

De 1963 a 64, ele escreveu para o jornal *A Nação*. Em 1972 ingressou como crítico no jornal *O Estado de S. Paulo*, onde saiu em 1986:

"*No Estadão, eu tinha 80 linhas. Eles foram reduzindo espaço. Me reduziram para 60, para 40, quando reduziram para 25 linhas, eu mandei uma carta dizendo que eu deixava de ser crítico do jornal, que eu não sabia fazer crítica por telegrama*".

Quando de sua saída, o jornalista Alexandre Bressan escreve o artigo intitulado *Despedida de crítico*:

Despedida de crítico

O teatro está perdendo um companheiro de muitos anos: Clóvis Garcia quer sossego

Alexandre Bressan

Os leitores do Caderno 2 devem estar estranhando. Já faz algum tempo que ninguém lê críticas de teatro assinadas por Clóvis Garcia. Ele que desde 1951 freqüentou as páginas de jornais e revistas com seus artigos, acaba de deixar a função de crítico. Isso acontece depois de 35 anos e, sem dúvida, a classe teatral pode se considerar mais pobre. Clóvis Garcia sempre foi um homem de teatro que, mesmo não tendo a responsabilidade de passar para o papel sua opinião sobre as peças, comparecia às salas de espetáculos para sentir o movimento e desenvolvimento do setor.

Atualmente ele só quer ver produções que lhe interessem. Mas não se preocupem. Ainda é possível ler seus artigos sobre teatro infantil aos sábados, no Jornal da Tarde. Mas ele avisa: "Será por pouquíssimo tempo, somente até que um jovem surja para ocupar meu espaço. Tenho esse direito depois de tantos anos".

Em momento algum, porém, a palavra cansaço suge no seu dia-a-dia. Aos 65 anos e com um nome respeitado no Brasil e no Exterior, Clóvis Garcia deverá publicar, em breve, parte das 1.500 críticas que escreveu, principalmente aquelas que assinou de 1951 a 1958, na revista O Cruzeiro, seu primeiro emprego como crítico. Ao mesmo tempo, continuará na Universidade de São Paulo onde leciona para os cursos de Graduação e Pós-Graduação.

Os leitores mais jovens, no entanto, só o identificam como um profundo conhecedor de teatro. Poucos têm informação de que Clóvis Garcia foi coordenador da Comissão Nacional da Casa Própria, geradora do BNH; chefe de gabinete da Secretaria de Educação; candidato a deputado em 1958; presidente do Ipesp; diretor do Serviço Nacional de Teatro, mais tarde Inacen; advogado, fundador e presidente da APCT, hoje APCA.

No jornal O Estado desde 1972, Clóvis diz que seu gosto pelo teatro começou aos nove anos na sua Taquaritinga, assistindo aos espetáculos que eram apresentados na cidade. Só bem mais tarde se aventurou em teatro, como ator, cenógrafo, figurinista e diretor. Quando percebeu que gostava mais de escrever, distanciou-se do palco: "Ser ator e também crítico de seus colegas tira a força moral do artigo. É muito perigoso. O crítico deve conhecer tudo, mas não tem o direito, ou melhor, não deve opinar num veículo de comunicação sobre um trabalho semelhante ao que realiza.

Para Clóvis Garcia, que fez da crítica um ofício (ele tem tudo anotado em fichas), este gênero de jornalismo sofreu muitas transformações. O caráter analítico está substituído pela informação. E afirma que isso ocorre em todos os países, apesar das grandes diferenças entre teatro realizado aqui e no Exterior. O brasileiro, por sua vez, é milagroso: "Nossos profissionais são verdadeiros mestres. Têm a criatividade como traço principal. Sinto apenas que a dramaturgia nacional não acompanha a evolução dos nossos atores e diretores. Um autor não representado não pode evoluir".

Clóvis viu de perto todos os movimentos teatrais que surgiram e em momento algum se arrependeu de sua profissão. A grande lição que tirou foi a de não fazer um juízo definitivo das pessoas. "São profissionais e só quem está por dentro da real situação do fazer teatral sabe que tudo que sobe ao palco não é em vão. Por pensar assim ganhei até o rótulo de crítico paternalista. Não me incomodo. Toda obra tem elementos positivos.

OESP, 7 de dezembro de 1986

Clóvis continuou escrevendo críticas de teatro infantil até 1992, no *JT*.

O Homem Público

Foi funcionário autárquico do Instituto de Previdência do Estado de São Paulo (IPESP), desde sua fundação, em julho de 1939, onde exerceu as funções de escriturário, assistente jurídico, subprocurador chefe e Procurador-chefe, cargo no qual se aposentou.

Em 1958, foi presidente do IPESP, sendo convidado a ser candidato a deputado estadual. Não ganhou a eleição, mas ficou como suplente em 1958, pelo Partido Democrata Cristão (PDC). *"Vinha gente pedir coisas, você atendia 99 vezes não atendia uma, o sujeito dizia: Pois é na hora de pedir voto vai procurar a gente, na hora que a gente precisa não atende. Graças a Deus eu saí. Desisti da política e voltei para o teatro".*

"Quando o Jânio foi presidente da República eu fui diretor do Serviço Nacional do Teatro. E a classe teatral pediu ao Jânio apenas uma coisa, que pudesse indicar o diretor do SNT".

"Na verdade eu queria ser Secretário de Educação, já havia recebido convite do Paulo de Tarso para assumir o cargo em Brasília. Eu corri para Brasília, quando chego lá, o Jânio telefona para o Paulo (eu estava na casa dele), dizendo que eu ia ser o diretor do Serviço Nacional de Teatro (SNT), que era compromisso dele. Eu disse que não ia aceitar nada, mas o Paulo ficou com medo que fosse criado um problema entre ele e o Jânio. Daí aceitei".

Clóvis Garcia já havia sido chefe do Gabinete do Secretário de Educação do Estado de São Paulo, em 1959, e Chefe do Gabinete Técnico de Planejamento da Secretaria da Educação do Estado de São Paulo, em 1960.

Como Chefe do Gabinete da Secretaria de Educação do Estado organizou e instalou o Gabinete Técnico de Planejamento da Secretaria da Educação do Estado, com 10 grupos de trabalho, que reformularam toda a atividade educacional do Estado e iniciando pesquisas neste setor para o levantamento da situação escolar em São Paulo.

Paulo Francis, em setembro de 1961, escreveu no jornal Última Hora:

(...) O Sr. Garcia havia elaborado um plano de auxílio às empresas, uma lei que lhes garantia empréstimos para a construção de casas de espetáculos, uma série de medidas, enfim, que garantiriam ao teatro brasileiro base econômica para seu funcionamento e continuidade.

A crítica de teatro Bárbara Heliodora do Jornal do Brasil e o jornalista e autor Nelson Rodrigues também manifestaram o desejo de que o Clóvis Garcia fosse reconduzido ao cargo, o que não aconteceu.

Quando o Jânio saiu eu também entreguei o cargo, porque era um cargo de confiança. Embora houvessem manifestações como a de Paulo Francis, em sua coluna no jornal e de um telegrama assinado por Cacilda Becker e outros grandes atores de São Paulo pedissem em público que eu fosse mantido no cargo.

O Mestre

Clóvis Garcia torna-se professor em 1964, na EAD. Foi convidado a completar o quadro de professores do Curso de Teatro que se iniciava no CTR, em 1967 (ainda na ECC – Escola de Comunicações Culturais).

Assume como diretor da EAD em 1969. Neste mesmo ano, atua como diretor do Departamento de Teatro da ECA, substituindo provisoriamente Alfredo Mesquita.

"Eu estava num Festival de Cinema no Rio de Janeiro e o Alfredo me chamou para substituí-lo na direção do Departamento de Teatro da ECA por três meses. Eu aceitei. Depois, ele mandou uma carta ao diretor da ECA pedindo demissão. O diretor determinou que eu ficasse na direção da EAD em definitivo."

Também em 69, integra a Comissão encarregada de elaborar o Ante-projeto de Estrutura Curricular dos Cursos de teatro da ECA-USP, designado pela portaria nº 13 de 08 de julho de 1969.

A EAD é incorporada ao CTR (Departamento de Cinema, Televisão e Rádio), em 1969/70). Por motivos de uma política inteligente, segundo Clóvis Garcia, para que se tivesse a congregação. *"Nós reduzimos o número de departamentos para poder ter a congregação, passamos a lutar novamente pela separação em 1984"*. Coordena o CTR entre 1970/72.

É um professor sério, preocupado com a integridade a Universidade. Participou de várias comissões internas, entre elas: Comissão de Sindicância, instaurada pela Portaria n° 5/69, de 22 de abril de 1969, sobre irregularidades nas listas de freqüência; Comissão de Ensino da ECA (de maio de 1969 a abril de 1970); Comissão Especial para propor critérios classificatórios para os contratos de professores pela Portaria 201 (1971); Comissão designada para elaborar o Antes Projeto de Regimento Interno da ECA (1972) e Comissão para planejar a instalação do Teatro da Universidade de São Paulo, TUSP.

Na universidade já assumiu as seguintes funções: chefe do CTR (substituto, 1974/76/77 e titular em 1978); designado para responder pela Diretoria da ECA, na ausência do Diretor e Vive-diretor (1974); representou a categoria docente doutores como membro do Conselho Departamental do CTR e Congregação da ECA; examinador na área de Artes para candidatos de pós-graduação; coordenador da área teórica dos Cursos de Teatro do CTR (até 1979); coordenador dos cursos de pós graduação de teatro, CTR (a partir de 1979).

Clóvis Garcia organizou, preparou e deu encaminhamento ao processo de reconhecimento dos cursos de Cinema, Rádio e Televisão. Em 02 de setembro de 1982, os cursos foram reconhecidos pela Portaria MEC n° 359.

"Em 1992, quando eu ia completar 70 anos, entraram com a aposentadoria compulsória. Achei uma

humilhação ser posto fora desse jeito. Dois dias antes do meu aniversário, requeri a aposentadoria por tempo de serviço. Fiz questão de ser eu mesmo a pedir a aposentadoria".

Surge, então, na USP, um termo para quem quisesse continuar a dar aulas, sem vencimentos e sem vínculo empregatício. Ele continua a trabalhar gratuitamente na Universidade.

"Assinei que me obrigo a dar aula de Graduação e Pós-graduação e a participar de bancas etc, e por outro lado, tenho direito de usar serviços da secretaria, xérox, fax, computador, sala...Sem nenhum compromisso financeiro por parte da USP. Só as bancas são remuneradas."

Clóvis Garcia também lecionou na FAAP – Fundação Armando Álvares Penteado e na ESPM – Escola Superior de Propaganda e Marketing.

O crítico didático

Durante uma aula sobre crítica teatral, Clóvis comparou três críticas sobre a mesma peça. Os textos analisados eram de Décio de Almeida Prado, Miroel Siveira e o seu próprio comentário sobre Antígona, de Sófocles.

Clóvis, na primeira crítica sobre Antígona, de Sófocles, e Antígone, de Jean Anouilh, montagem do TBC, que une as duas peãs (1952), com direção de Adolfo Celi, dá uma verdadeira aula sobre as escolas dos autores:

(...) O teatro grego no século V a.C. atingiu o seu pleno desenvolvimento. Com as inovações de Arion, com o destaque do narrador do coro do ditirambo, com a transformação do narrador em ator, permitindo o diálogo entre o intérprete e o coro, efetuada por Téspis, a tragédia grega vinha sofrendo lenta mas segura evolução.

(...) Antígona, de Sófocles, é uma das sete tragédias que nos restaram das cento e vinte peças do grande filho de Colônia.

(...) Antígone, de Anouilh, estabelece uma posição temática à tragédia de Sófocles. Jean Anouilh, que é situado no teatro francês dávant garde (...)

Na segunda crítica, Clóvis faz a análise do espetáculo em si:

"(...) a apresentação da tragédia grega juntamente com o drama moderno, ambos com a mesma história mas expressando temas diversos, constitui uma experiência de alto valor artístico. O espetáculo tornou-se um dos mais sérios, mais expressivos, mais autenticamente artísticos já apresentados no Brasil."

Já Décio de Almeida escreve sobre a montagem: dentro de uma fundamentação mais filosófica.

Miroel é mais jornalístico.

Na sala de aula da EAD, Clóvis Garcia conclui que a crítica teatral pode ser classificada em quatro gêneros: Filosófica, Literária, Jornalística e Didática, na qual enquadra a si mesmo.

Segundo ele, suas referências teóricas como crítico são os autores Oscar Wilde e Carlos Porto, crítico português. Se tivesse que escolher um modelo seria Machado de Assis, principalmente nos pareceres de censura.

Criei minha própria teoria crítica. Não existe um livro ou um autor. Sempre que preciso recorro aos livros teóricos de teatro, de acordo com o período do espetáculo que será analisado.

A crítica didática nos anos 60

Como crítico, Clóvis Garcia, se preocupa desde o início com todas as escolas de teatro.

Analisa o espetáculo popular, Zero à Esquerda, e Oscarito e sua Cia., no jornal A Nação?

"Em todas as épocas do teatro, há sempre um ator que, pelo seu enorme poder de comunicação com o público com o público, atinge uma popularidade tal que suas atuações escapam aos critérios da crítica.

(...) o ator popular surge sempre como um fenômeno teatral. E sua função, desde a Commedia dell'Arte, é encarregar-se da diversão popular.

(...) O exemplo típico é Dercy Gonçalves. Oscarito volta agora ao seu lugar no teatro popular.

(...) E o público vai assisti-lo, quer apenas ver sua atuação cômica, despreocupando-se dos demais elementos do espetáculo..."

Com o mesmo caráter didático fala dos clássicos:

"Gil Vicente é um clássico do teatro português e espanhol da Renascença, já que escreveu nas duas línguas quando não misturava numa mesma peça os idiomas de Espanha e Portugal.

Foi o autor da primeira peça profana portuguesa, mas seu teatro está ligado ainda ao temário medieval como, aliás, toda a dramaturgia do "século e ouro" espanhol. Exemplo típico é "Auto da Barca do Inferno", que a EAD apresentou, com todo seu sentido profundamente religioso, onde não escapam as críticas aos costumes da época (veja-se o frade mundano) e a lição espiritual decorrente do julgamento daqueles que em vida não souberam ater-se aos mandamentos do cristianismo."

Vai de Gil Vicente à Cervantes fazendo de suas críticas uma breve história de teatro:

Quando o Cervantes, seu teatro se situa numa posição inferior dentro da obra literária do maior gênio que a Espanha produziu. Já se disse mesmo que, se Cervantes somente houvesse escrito sua obra teatral, hoje possivelmente seria um homem esquecido. E, ironicamente, em vida Cervantes sempre procurou o sucesso no teatro, não se conformando que sua produção não tivesse o mesmo favor popular da obra de Lope de Veja, a quem chega a satirizar. O *Entremez do Juiz dos Divórcios*, tem para nós, um valor histórico. "

É um crítico severo, no julgamento da obra de arte, como em *O Quarto* (1957), de Harold Pinter, montagem de alunos da EAD, com direção de Desi Bognard:

O Quarto de Harold Pinter é uma dessas peças pretensamente de vanguarda que já nasceram acadêmicas. O texto utiliza-se de todos artifícios habituais e não chega a interessar.

Crítica duramente Bernard Shaw, autor de *My Fair Lady*, na montagem, em 1963, que marca a volta de Paulo Autran ao teatro:

"Raramente um autor envelheceu tanto (...) como aconteceu com Bernard Shaw...A sua crítica social não vai além da epiderme da sociedade inglesa... Resta o humor típico e a ironia de Shaw, sempre atingindo o alvo.

Justamente essas qualidades servem de base a u m espetáculo musical. O libreto de Alan Jay Lerner conseguiu transpor o que há de satírico na versão moderna de Shaw, da antiga lenda grega de Pigmalião e Galatea. Duas cenas básicas foram modificadas, excluídas, naturalmente, as necessidades de canto e dança próprias do gênero. A cena do chá experimental do dia de receber, em casa de Mrs. Higgins, foi transposta para as corridas de Ascot, dando margem a um dos melhores quadros plásticos do espetáculo, e o final adotou a solução do filme, com Elisa escolhendo o professor, em lugar de Freddy, o que nos parece mais de acordo Shaw do que o próprio original.

Acompanha como crítico as fases fundamentais do teatro brasileiro, tendo como cenário São Paulo, nos anos 60. O ciclo TBC, Arena e Oficina.

É minucioso em suas críticas. No periódico A Nação, no qual o jornalista dá muito espaço ao teatro, escreve, por exemplo, duas críticas sobre Os Pequenos Burgueses, de Gorki, montagem do Teatro Oficina (1963), com direção de José Celso Martinez Correa.

Na Segunda crítica faz o seguinte comentário inicial:

A encenação desse texto de Gorki, de importância excepcional como acentuamos em crônica anterior, envolve uma grande responsabilidade. Não é possível desperdiçar os valores humanos e teatrais da peça numa realização medíocre.

Felizmente não foi o que aconteceu com o espetáculo do teatro Oficina, que encontrou, antes de mais nada, um diretor em José Celso Martinez Correa, inteiramente afinado com o texto, num desses encontros felizes que são pouco frequentes em teatro."

Nesta crítica de 1963, ele revela o interesse pelo medieval, que vem a ser sua tese de doutoramento na USP, em 1974.

"O teatro medieval foi por muito tempo considerado sem maior expressão e uma das razões apresentadas é que, comprometido com a fé cristã, não se constitui numa forma artística autonoma, sendo preciso Becht, e os atuais seguidores do teatro comprometido, para que o teatro medieval fosse justificado, ainda que os princípios ideológicos sejam opostos."

Em sua tese "O Teatro Profano Medieval Francês como Expressão da Sociedade Burguesa do Século XIII" ele ressalta a importância deste período para o teatro.

Através da civilização medieval e do teatro da Idade Média, o professor Clóvis Garcia desenvolveu em sua tese de doutorado, o estudo da sociedade burguesa do século XVIII, que segundo ele, foi quem elaborou o teatro profano. "

Anos de chumbo. A relação com a censura

Relembra Clóvis: na minha fase de crítico do Estado de São Paulo tive um problema muito sério. Éramos três críticos para substituir o Sábato Magaldi. Eu, a Ilda e Mariângela. Nossas reuniões de pauta eram mensais e dividíamos as estréias. As duas pediam para ficar sempre com as melhores peças. Eu ficava sempre com o que sobrava, embora eu, algumas vezes desse sorte, porque alguns espetáculos, pouco cotados se revelavam como grandes surpresas.

Fio o caso de *Se* (1978), Sérgio Jockyman, direção de Antônio Ghigonetto:

(...) temos que confessar que foi com certa preservação que vemos a nova peça de Sérgio Jockyman, autor gaúcho, que se especializa em comédias, com o título sintético de *Se*.

(...) Assim, não esperávamos muito do espetáculo que acaba de estrear no Auditório Augusta. Entretanto, para nossa própria surpresa, demos boas risadas (com o público todo, aliás), e o espetáculo decorreu sem que sentíssemos o tempo passar."

Porém, este período ficou marcado para o crítico, como o exercício de conseguir criticar os espetáculos mais politizados, sem contudo deletá-los para a censura. "Havia toda uma preocupação de minha parte de não levantar suspeitas sobre as montagens."

Na encenação de *Mortos Sem Sepultura*, de Sartre, direção de Fernando Peixoto, escreveu dois textos com cuidado para os censores não perceberem que falava do Brasil.

O crítico define o período de censura como um dos mais férteis para nossa dramaturgia e chama atenção para a pesquisa da relação entre a repressão e a fecundidade dos autores:

"(...) Pertencendo ao grupo de autores que emergiu nos difíceis anos de final da década de 60 e início de 70, um dos períodos mais fecundos da nossa dramaturgia – o que está, ainda, para ser pesquisado e estudado, inclusive a relação entre a repressão e a fecundidade dos autores – Consuelo de Castro já produziu alguns dos textos mais importantes do teatro brasileiro.

A função do crítico

Clóvis Garcia possui 360 críticas de teatro adulto e infantil publicadas na Revista O Cruzeiro. No jornal A Nação foram 40 críticas de teatro adulto. Em 16 anos consecutivos escreveu 574 comentários sobre teatro adulto no jornal O Estado de São Paulo. No Jornal da Tarde foram 156 críticas, semanais, sobre teatro infantil.

Além da crítica à produção artística publicada na imprensa, Clóvis Garcia divide o papel do crítico teatral em cinco funções, sendo que daus delas surgem como peculiaridades do Brasil.

A primeira função é o papel de situar o público em relação ao espetáculo, desde o tripé: autor, diretor e ator, até a concepção geral da montagem. Analisando a adequação da cenografia, da sonoplastia, da coregrafia, dos figurinos e da maquiagem.

A segunda função é histórica. É inegável a sua contribuição para o registro histórico, já que uma peça teatral, não tem como ser preservada em sua própria linguagem, como um livro, um filme ou um quadro.

A terceira, seria a possibilidade do autor ou do diretor do espetáculo saber se realmente sua obra ou sua concepção do espetáculo conseguiu passar aquilo que se desejava quando de sua criação ou de sua direção.

A quarta função particularmente no Brasil, segundo o crítico, seriam: a de participar de comissões, governamentais ou não, que selecionam espetáculos para o recebimento de incentivo cultural e verbas; e a de participar de Comissões Julgadoras de Festivais.

A quinta função é a de difusão cultural: publicação de livros, artigos e conferências.

Rotina de trabalho

No quadro de horários, afixado na porta de sua sala, podemos sentir seu comprometimento com a Universidade. Professor aposentado, continua seu trabalho regular, sem remuneração.

Ao todo são 40 horas de trabalho semanal, sendo 10 horas de aula, 20 horas de pesquisa, 11 horas para atendimento, reuniões e encaminhamentos de questões administrativas, de segunda a sexta-feira, das 9 às 18 horas, com intervalo de uma hora ao meio-dia. Nas segundas e sextas começa a atender às 8 horas.

Ele chega à universidade às 7 horas e dirige-se ao Centro Esportivo da USP, onde faz seus exercícios antes de enfrentar sua maratona de trabalho. Às manhãs de sextas são dedicadas ao atendimento dos alunos de graduação em Educação Artística com habilitação para Artes Cênicas e os alunos de Pós - Graduação, além dos orientandos.

Estudantes se juntam à sua porta, alunos da USP, e de outras escolas, todos atrás do conhecimento de 30 anos de docência e 41 anos de vivência teatral como ator, cenógrafo, diretor e crítico.

Nestes 30 anos de magistério lecionou no curso de Graduação: Introdução à Teleradiofusão, Cinema e Teatro, Legislação e Administração Teatrais, História do Teatro I,II, III e IV, Folclore Brasileiro I e II, Cenografia Teatral I e Teatro Infanto-Juvenil.

No curso de Pós-graduação ministrou: Comunicação Teatral, Técnicas Psicodramáticas Aplicadas ao Ensino I,II e III, Concepções do Espaço Cênico, Teatro infanto-juvenil brasileiro: caminhos e objetivos, Concepções do Espaço Cênico e Renovações do Espaço Cênico no Século XX.

As disciplinas dadas no primeiro semestre de 1999 foram: As Concepções dos Espaços Cênicos, às terças, das 13 às 17 horas, único dia que sai mais cedo da faculdade; Os Espaços Inusitados do Espaço Teatral, às quartas, e Folguedos Populares, às quintas, ambas das 9 às 12 horas.

Ele cumpre religiosamente uma rotina. São hábitos de um homem de 80 anos, que faz questão de almoçar em casa, quase todos os dias, com a mulher e a neta que mora com ele e faz questão de jantar uma vez por mês com toda a família. A impressão que temos com respeito aos horários é que trata de uma forma de não deixar que nada se perca. Que nenhum momento ou encontro deixe de ser vivido, a cada dia, por perda de tempo com atrasos. Há nítida pressa de se viver tudo que é possível.

Na sua casa, à rua dos Miranhas, a arte está espalhada por todos os cantos, móveis antigos (peças que trouxe da fazenda), quadros, objetos... Seu primeiro e último quadro pendurados na parede: Madona Azul, 1951 ("um cubista abstrato") e Os caminhos do homem: A floresta, de 1954 ("surrealista"). Além de fotos de todos os filhos e netos, no hall da escada que leva aos cômodos do andar superior, onde fica sua biblioteca e escritório pessoal.

Sua biblioteca tem cerca de cinco mil livros. São de três mil publicações em casa: dois mil livros de assuntos gerais e literatura, 120 livros de arte e várias coleções, como a dos Prêmios Nobel. Possui 800 livros de Ficção Científica.

Na USP, possui cerca de mais mil e quinhentos livros, divididos em 22 prateleiras: Teatro Universal, Teatro Brasileiro, Teatro Educação, incluindo Teatro Infantil, Teatro Medieval (sua tese de doutoramento), Cenografia, História do Teatro e Assuntos Gerais, como Teoria da Arte, Teoria da Comunicação, Cinema, Música, Indumentária, Mitos e Dicionários Gerais de Teatro.

Além de vinte e cinco caixas de textos de teatro infantil, mimiografados, que devem somar umas 250 peças, fora as editadas. Ele não tem uma listagem do que possui, mas sabe dizer rapidamente, de memória, onde está um livro ou uma pasta de documentos. "É uma bagunça organizada, onde eu sei o que tenho e aonde está", afirma.

Mantém um controle pessoal de seus empréstimos para alunos, num caderno onde anota à mão o nome da obra, o dia da saída e o nome do emprestador, que chama de "livro de registros", quando o aluno devolve, ele cancela a saída. Lastima muito os livros perdidos, que não foram devolvidos, e sabe de cor o nome de quem lhe deve algum título até os empréstimos mais antigos, cita: Dança Lenta ao Redor do Crime e A Grande Estiagem, e outras tantas obras sobre teatro emprestadas ao crítico de teatro Miroel Silveira.

Atualmente, não empresta mai os livros raros, "só aqueles que posso repor". Os alunos podem ler ou consultar as obras raras, desde que na sala do professor.

Textos de Clóvis Garcia

Fases do Teatro Brasileiro

Quando comecei realmente a atuar no cenário do teatro brasileiro, primeiro como ator, depois como cenógrafo e crítico, peguei exatamente a fase de renovação do teatro brasileiro, em 1949. Foi criação da época do EAD, do TBC, o período que certamente os grupos amadores deram um grande impulso ao nosso teatro, tanto em São Paulo como no Rio. Comecei a fazer crítica acompanhando todos esses grupos.

Tenho uma história do teatro paulista desse período, a década de 50, nas crítica o movimento incluindo teatro infantil, de revista, teatro estrangeiro. Também participei da criação das entidades de classe, Comissão Estadual de Teatro, etc.

Depois, eu saí da Revista Cruzeiro e escrevi por dois anos no Jornal A Nação, e esse período foi muito agitado, efervescência do teatro no mundo todo: Living Theater, People Theather, Peter Brook...

Anos 60 e 70 foram as décadas de maior experimentação teatral. Mas com duas dominantes: um com pouca palavra e centrado no corpo, expressão corporal; a Segunda dominante, era a criação coletiva. No Brasil não se sabia o que era isso direito e se fazia muita bobagem. Mas a criação coletiva com um dramaturgo para por as idéias em ordem, um diretor final para fazer um acabamento começou a funcionar.

Essas duas domimantes desemborcaram nos anos 80, que a meu ver, foram anos dispersivos. Eu já escrevia para o Estadão. O teatro para crianças e adolescentes cresce, se fortalece, antes era eventual. Se consolida no final dos anos 70 e 80.

Nos anos 90, se desenvolve uma face pouco desconhecida que é o teatro alternativo, de rua, o teatro fora do teatro, fora do edifício teatral, o teatro que é feito em galpões, igrejas, clubes, fábricas, oficinas.

Isso tudo o que o CPC, no final dos anos 50 e 60 tentou fazer e não conseguiu, acontece hoje. Nós temos um grande número de grupos que estão fazendo uma renovação teatral importante, infelizmente, eu não estou escrevendo mais, mas aproveito isso para meus cursos de Pós-graduação: "Espaços Inusitados do Espetáculo teatral", "As Concepções do Espaço Cênico", "As renovações Cênicas do Século XX"

Temos grupos muito importantes nessa linha: XPTO, Os Parlapatões, Náu de Ícaros, Pia Fraus. Outra linha importante é o aproveitamento folclórico feito pelos grupos Brincarte, Náu de Ícaros, Cia de Mistérios e Novidades.

No Rio outros grupos como o Troupe da Trupe, Teatro Anônimo, fazem o que a meu ver é teatro do terceiro milênio, como foi a Commedia dell' Art. Muito mais importante do que todos os dramalhões escritos na Renascença italiana que ninguém monta. Sobrou Commedia dell'Art, que influencia o teatro até hoje, as artes plásticas e a música, até a nossa música popular, com o Carnaval, personagens como a Colombina, Pierrô e o Arlequim.

Vejo também a influência do circo na renovação teatral brasileira. Cacá Rosset se utiliza do circo, mas de maneira convencional, não sai para a rua.

O TBC representou uma renovação, com a colocação do diretor, do texto, disciplina teatral. Já o Arena e o Oficina fazem parte de uma renovação limitada

O Arena fez um esforço para a construção de uma dramaturgia brasileira. O Oficina tem o mérito da renovação cênica, com vários estilos, proporcionando montagens mais dinâmicas e abertas, sem a rigidez do TBC.

Com a distância do tempo, vemos a importância deles naquele momento da hitória do teatro brasileiro. Hoje, os três não teriam tanta importância assim.

Nós estamos caminhando para um teatro novo, não aristotélico, dois séculos de Aristóteles já foram suficientes.

Um outro período de renovação do teatro brasileiro aconteceu com o trabalho de Ruth Escobar, no final dos anos 60. Ela trouxe diretores internacionais para dirigirem aqui e realizou montagens inesquecíveis como: Cemitério de Automóveis e o Balcão, ambos com direção de Victor Garcia. Cemitério de Automóveis é fundamental, marcante, pois pela primeira vez no Brasil foi realizado um espetáculo vertical.

A Viagem, direção de Celso Nunes – que era brasileiro mesmo – foi o melhor espetáculo que já vi na minha vida.

Acredito que a Universidade limita a criação. Celso Nunes se transformou em professor e poderia exercer outra atividade que não fosse lecionar. Acho que ele se decepcionou e perdeu a criatividade e por isso abandonou o teatro.

Os melhores espetáculos que assisti foram O Balcão, A viagem, este mais do que Cemitério de Automóveis. No TBC AS Antigonas. No Arena *Eles não usam black-tie* e no Oficina, *Os Pequenos Burgueses*. Considero *Pequenos Burgueses* espetáculo mais importante do que *O Re da Vela*, *Selva da Cidade* e *Gracias ao Senhor*.

Gracias ao Senhor foi um espetáculo renovador com todo o público participando no final, em praça pública. Um espetáculo que não tinha limite entre espaço de cena e espaço de público. Mostrou uma evolução a partir do Living Theather.

Os espetáculos estrangeiros que marcaram minha memória foram: *O Livro de Cristóvão Colombo*, de Claudel, montado no antigo Teatro Santana, que hoje não existe mais. Pela primeira vez eu vi num espetáculo as várias correntes artísticas: música, dança, filmes, mímica, todas as expressões artísticas. (Nos anos 20 a peça foi considerada irrepresentáevel). Mostrou a possibilidade do teatro ser a obra de arte completa, que era o que Wagner propunha.

No festival Ruth Escobar, assiti *Aliás Serra Longa*, do grupo El Jgoglars de Barcelona, direção de Alberto Boadelha, o que não sai da minha memória.

Carlos Alberto Sofredini com *Na Carreira do Divino*, colocando a linguagem erudita, mostrou o teatro popular como uma linguagem universal, *O Auto da Compadecida*, de Ariano Suassuna pode ser feito no Japão e na Rússia. *Vem buscar-te que ainda sou teu*, de Sofredini faz o aproveitamento dos melodramas circenses. Uma das coisas mais importantes do teatro brasileiro

Não falo em *Macunaíma* de Antunes Filho porque o espetáculo que mais gosto do Antunes é *Nelson 2 Rodrigues*. Gostei muito do ponto de vista do texto e da linguagem plástica.

Também não falei de *Morte e Vida Severina*, porque não vi a primeira montagem, só quando assisti o trabalho voltaram de Nancy.

Cacá Rosset foi marcante nos anos 80, como Jorge Vermelho com *Coração Materno* (baseados em textos circenses) que ganhou o prêmio Sesi.

Quais são os caminhos do atual Teatro Brasileiro?

Há dois caminho para o teatro pós moderno que devem se encontrar: o plástico visual e da volta da palavra, Heiner Muller está aí para provar isto. Sentidos auditivo e visual são os mais usados pelo teatro desde os primórdios.

Quando conseguimos o texto, a palavra, a oralidade com o visual vamos ter o grande teatro.

Tentaram utilizar o olfato, "gosto", tato. Nos anos 60 faziam isso com incenso, servindo bebida, sentando no colo dos espectadores. Foram experiências interessantes, mas não se sedimentaram.

Falta um elenco experiente a esta inteligente encenação

OESP
19 de março de 1972

Desde 1951, quando a Escola de Arte Dramática de São Paulo, mais uma atitude pioneira de Alfredo Mesquita, montou o primeiro Brecht no Brasil – *A Exceção e a Regra* – que a obra do teorizador do Teatro Épico vem sendo continuamente encenada, atingindo cerca da metade das peças deixadas pelo dramaturgo alemão. Chegou-se a formar, mesmo, uma escola brechitiniana entre os nossos ensaiadores, artistas e teóricos, atingindo clima quase histérico na defesa dos postulados épicos, que se tornaram intocáveis, com o principio do estabelecido de que basta ser Brecht para ser bom.

Evidentemente, com uma grande produção dramática – 40 peças – além de traduções, adaptações, roteiros de filme, romances e poemas, nem tudo na obra de Brecht atinge o alto nível digno do seu gênio criador. Alguns textos padecem de uma certa ingenuidade ou primarismo característica das posições extremadas ideológicas, que passa a ver tudo sob o prisma maniqueísta onde não há meio termo.

Tambores na Noite é a segunda peça de Brecht, escrita provavelmente entre 1918 e 1920, estreada em 1922 e publicada em 1923. O jovem Brecht estava no período de transição ainda sob a influencia do impressionismo e procurando definir um caminho que levaria à afirmação do Teatro Épico, numa volta aos princípios formais do teatro medieval. Essa característica embrionária levaria Brecht a lamentar a peça quando afirmou em 1955: *"não consegui fazer que o espectador visse a Revolução com olhos diferentes dos do meu herói Klager; e este a viu como algo romântico. A técnica de alienação ainda não estava ao meu alcance"*.

A mudança de classificação de "drama" para "comédia" dá bem a medida do julgamento de Brecht sobre a obra da sua juventude. A escolha de um tema da atualidade, a revolução proletária do "Spartakusbund" (a peça se passa em janeiro de 1919, na versão revista e adotada no espetáculo do Studio São Pedro), há contraria um dos princípios épicos de uma temática distanciada para maior objetividade no julgamento. Das personagens, somente Klager pode ser considerado um símbolo social de uma determinada época. As demais chegam a ter conotações realistas, que também informam os dois primeiros atos.

Somente quando a ação deixa os limites da casa de Ana o Piccadilly Bar, limites de qualquer outra peça burguesa, e ganha as ruas ou bares de prostitutas e desempregados, é que se começa a vislumbrar os espaços amplos do teatro épico. Mesmo o anti-herói Klager, na sua renuncia que é uma traição, assumindo uma posição egoísta pequeno-burguesa, fica justificado pela desilusão do soldado que volta da guerra e é ridicularizado pelos ricos e pelos proletariados, o que evidentemente não é uma atitude representativa do líder revolucionário. Com todas essas contradições, a peça não se situa entre o que de melhor escreveu Brecht.

Fernando Peixoto, que em seu livro sobre a vida e obra de Brecht revela seu entusiasmo pelo texto, procurou superar as deficiências numa encenação cuidadosamente preparada e inteligentemente estruturada. Utilizando-se de estilos diferentes na primeira parte e na segunda de acordo com a transição da peça, prudente no lançamento de efeitos épicos (que seriam uma tentação para um diretor menos conhecedor de Brecht), consegue manter uma dignidade cênica que sustenta o espetáculo.

O que lhe faltou foi o apoio de um elenco com maior experiência e melhor preparo técnico. De fato, as características amadoras, no pior sentido. Os atores não estão preparados vocal e corporalmente para as exigências da direção, cuspindo o texto simbólica e literalmente, voluntária (no excesso de marcações de cuspidas) e involuntariamente. Abrahão Farc, com maior experiência, dá uma sustentação dramática ao primeiro ato, mas Antonio Pedro, também experiente, abusa da sua habilidade histórica, principalmente de seus maneirismos corporais . Edson Santana, com a responsabilidade do papel de Klager, revela possibilidades que poderão ser desenvolvidas. Os demais dentro da linha geral insatisfatória. A concepção dos cenários de Marcos Weinstock é inteligente e maleável.

É o vento de alegria que varre nosso teatro

OESP
26 de março de 1972

Autor de contos, poesias, crônicas, jornalista, Arthur Azevedo foi antes de tudo um admirável homem de teatro, trabalhador incansável pela formação e desenvolvimento da arte cênica brasileira, não somente pela extensa obra dramática, cerca de 60 títulos fora as traduções, mas pela atuação permanente em todos os campos, de que a construção do Teatro Municipal do Rio é um exemplo destacável. Consciente de que sem uma dramaturgia não há teatro nacional, já há mais de meio século lutava pelo apoio aos nossos autores, tendo como diretor do Teatro da Exposição Nacional programado em três meses 15 peças brasileiras de Martins Pena a Goulart de Andrade.

A sua grande arma era o humor genuinamente brasileiro, marcado pelo espírito crítico, que fez com que esse grande maranhense se identificasse com o público carioca. A comunidade satírica é uma das qualidades mais marcantes das suas obras, burletas, revistas, comédias, que deixam num segundo plano seus dramas. O conhecimento da estrutura teatral, um profundo senso da ação dramática, deram às suas peças um caráter de permanência que explica porque são representadas até hoje, pelo menos pelos amadores.

A capital Federal é uma das melhores obras de Arthur de Azevedo. Aproveitando a visita ao Rio de uma família de mineiros matutos, o autor faz desfilar num sentido crítico, todos os aspectos da cidade da Republica (a peça é de 1879), com todos os problemas de carência de habitações, de transporte coletivo, das modas aproveitadas pelos exportadores do jogo (então as corridas de bicicleta como depois o snooker, o boliche, o futebol, com a loteria esportiva), o ufanismo do Grande Hotel, os intelectuais pretensiosos, o cosmopolitismo desintegrador. Problemas que são tão atuais que permitem uma comunicação imediata com o público de hoje, pois como diz o excelente programa do espetáculo, *"dá a impressão que a gente não saiu de 1897"*.

O texto esperava há muito uma merecida remontagem profissional. Foi preciso a coragem, espírito teatral e de sacrifício de Cleyde Yaconis, para que as dificuldades fossem novamente encenadas *A Capital Federal*. O nosso teatro fica lhe devendo mais esse serviço, principalmente porque o espetáculo, cuidadosamente montado, é um dos melhores dos últimos tempos.

Flávio Rangel poderia ter optado por uma encenação de caráter histórico, que nos parece teria funcionado perfeitamente. Preferiu uma modernização do espetáculo, com um prólogo e epílogo de homenagem a Arthur Azevedo, uma linha de comunicação no estilo da revista musical, e enxertando anacronismo que atualizassem alguns aspectos cômicos. Temos que concordar que o resultado não poderia ser melhor. O espetáculo é um vento de alegria que varre o nosso teatro, ultimamente tão pejado de problemas e lamentações, sem que se perca o sentido crítico. Um ritmo esfuziante, marcações de grande eficiência cênica (a paródia da *Dama de Camélia* em dois momentos, aliás dentro das intenções do texto, são geniais), o grande rendimento obtido dos atores, os excelentes cenários de Gianni Ratto, a coreografia de Marika Gidali, as musicas originais e acrescentadas de Nicolino Miranda, Assis Pacheco, Luiz Moreira, Theo de Barros e do próprio Flávio Rangel, tudo se ajusta dentro da concepção de diretor para um resultado excelente.

Suely Franco faz um *Lola* brilhante, bonita, espontânea com uma grande presença e rendimento cênico. Laerte Morrone explora ao máximo as possibilidade cômicas dum papel excelente que é o lançador de "trigueiras", tendo tido o cuidado de não exagerar o sotaque. A "ingênua" de Anamaria Barreto esta inteiramente ajustada ao que pede a personagem. Com uma voz agradável, Roberto Azevedo também é bom ator. Lutero Luiz, Neuza Borges, Chico Martins compõe acertadamente seus tipos. Mas todo elenco da um rendimento homogêneo, que mantém o alto nível do espetáculo. E Etty Fraser, numa participação especial, contribui com seus quilos e quilos de talento.

Um espetáculo, em conclusão, que não pode ser perdido.

A não ser a proibição para menores, tudo o mais é bom

OESP
13 de abril de 1972

A teoria dos gêneros literários, que nos vem desde Platão, classifica as obras como líricas, épicas e dramáticas. Nas primeiras, o poeta expressa o seu mundo interior e o pronome é "eu"; nas segundas o narrador conta fatos já acontecidos e o pronome é "ele", enquanto no gênero dramático os fatos acontecem "aqui" e "agora", o dialogo predomina, e se trata do "eu, tu e ele". É claro que nenhuma obra apresenta o purismo da classificação, que, como toda classificação, decorre de critérios necessários ao juízo crítico mas nem sempre adequados à constante renovação que o poder criador da natureza humana imprime ao nosso mundo. Mas os traços estilísticos predominantes permitem situar uma obra literária, ainda que o sincretismo nos leve, às vezes, ao teatro épico ou teatro lírico.

Quando se trata, porém, de um espetáculo teatral, a classificação já deixa muito a desejar. O que caracteriza o espetáculo é sempre o sentido dramático do "aqui e agora", quaisquer que sejam as intenções líricas, épicas ou dramáticas do texto. O que dá ao teatro uma possibilidade infinita de criação, uma riqueza de potencialidade que explicam a sua permanência, tanto mais que ele se utiliza de todos os outros meios de expressão artística, como a musica, a dança as artes plásticas, centradas no próprio homem, que é o autor. Por isso, quando o resultado é de alto nível, já não interessam mais os critérios classificatórios.

A encenação das poesias de Fernando pessoa resultou num desses espetáculos que escapam a qualquer classificação. Com o texto "lírico" do grande poeta português foi composto um contexto dramático para uma encenação em que o elemento épico esta presente. Dessa fusão, com todas as dificuldades que pede apresentar, conseguiu-se um espetáculo de rara beleza cênica, que satisfaz a gregos e troianos.

De Fernando Pessoa nada mais é preciso dizer, já que sua poesia, bem como suas outras obras já foram bastante divulgadas entre nós. A escolha dos textos, difícil pela extensão e qualidade das poesias do poeta português, que ao seu tempo foi um renovador, foi quase sempre feliz, com o grande achado de ligar continuamente os quadros pelos versos de *O poeta é um fingidor*, que funcionam como elemento estruturador. A direção de Silnei Siqueira teve a grande qualidade de permitir que o texto valesse por si mesmo, sem a necessidade de malabarismos cênicos. A seqüência lógica dos versos, a precisão das intervenções, a continuidade do que se poderia chamar de ação dramática, são os outros méritos do diretor.

De grande importância para o resultado obtido, é a qualidade da musica de Murilo Alvarenga Junior, com uma incrível liberdade de composição, aplicando aos versos portugueses os mais variados ritmos, desde o tango, ao bolero e ao samba. Se no caso dos ritmos brasileiros (e ata alguns passos de capoeira são apresentados) a invenção vem nos lembrar que nossa musica popular não tem origem puramente africana, nos demais serve para provar a universalidade da poesia de Fernando Pessoa.

A direção e à musica, vem se juntar a coreografia de Marilena Ansaldi, muito menos dança do que o uso expressivo do corpo humano, para o feliz resultado obtido. Quanto aos figurinos, gostaríamos de nos túnicas esvoaçantes, talvez simples malhas com apliques, que estariam mais de acordo com o despojamento do espetáculo.

O elenco participa homogeneamente da apresentação, tendo cada um a oportunidade de algumas poesias. João José Pompeo surge com autoridade e segurança desde o principio, dando o tom da encenação. Sentimos que Jandira Martini, com sua voz grave e sua expressividade, não fosse mais solicitada, mas talvez o fato de ter-se machucado na estréia tenha obrigado a limitar a sua participação. Ariclê Peres, Auristela Leão, Maria Eugenia De Domenico, José Carlos Aquino, Luiz Felipe Goulart de Andrade (excelente no Menino Jesus) e Luiz Raul Machado estão todos ótimos.

Um grande poeta num grande espetáculo, que não se compreende tenha sido proibido a menores de 18 anos.

Um espetáculo correto mas sem profundidade

OESP
21 de abril de 1972

A maior dificuldade na dramaturgia de Jean Genet esta na sua característica de protesto, mas não de intenções políticas ou sociais, e sim de protesto contra a condição humana. A complexidade da natureza humana, capaz do bem e do mal, da mais alta expressão de beleza e da mais abjeta situação, a Impossibilidade de estabelecer limites definidos, a confusão entre a fantasia e a realidade deixam o homem perplexo e perdido, principalmente diante de uma estrutura social de normas morais rígidas e que exige atitudes definidas. Quem não adere a essas normas e valores, fica irremediavelmente marginalizado. E é ao lado dos marginais, como ele próprio, na glorificação do crime e da abjeção, que Jean Genet vai se situar, num protesto contra "a desproteção e solidão ao enfrentar o desespero e a solidão do homem apanhado na sala de espelhos da condição humana", como diz Martin Esslin no seu O Teatro de Absurdo.

Para melhor compreender o teatro de Genet é necessário recordar toda a sua vida de delinqüente, escolhida desde os dez anos quando acusado de roubo decidiu ser ladrão. *"Desse modo repudiava uma vez por todas um mundo que me repudiava"*

(Diário de um Ladrão). E os longos anos passados em prisões mostraram Genet que a fantasia é a única válvula de escape para o prisioneiro. Por isso suas peças estão envolvidas em clima de sonho e irrealidade, que é a primeira chave para uma encenação mais ou menos fiel as intenções de Genet, a falta da qual foi o principal motivo do incidente com Peter Zadek, na primeira encenação de *O Balcão*. A segunda chave esta no choque direito do entre o público, que representa "os justos" e o mundo irreal do palco, onde agitam seus sonhos os marginalizados. É preciso separar bem as duas dimensões para que os espectadores sintam mais intensamente o choque dos dois mundos e possam identificar, na imagem deformada dos espelhos, suas próprias contradições.

Foram exatamente essas duas chaves básicas que não foram suficientemente utilizadas na montagem de *Alta-Vigilancia*, na encenação de Roberto Vignati. A peça, a primeiro escrita por Genet, ainda se situa no ambiente de uma prisão, entre ladrões e assassinos, mas toda a atmosfera da fantasia deve ser obtida. *"Toda a peça se desenrola como num sonho"*, diz a rubrica.

Os três prisioneiros, sob a presença invisível do mais alto graduado na hierarquia dos detentos, revelam seu mundo interior, seus anseios e ilusões, que se exteriorizam na necessidade de se firmar como criminosos. Mas nós também não escolhemos o crime, somos escolhidos por ele, declara *Olhos Verdes*, o líder visível em e em torno do qual gira o conflito, ao desmistificar a tentativa de Lefranc, passando de ladrão a assassino do seu companheiro Mauricio, de auto-afirmação. O texto perde suas intenções se a encenação não obedecer a indicação de irrealidade.

Os elementos que Roberto Vignati utilizou funcionam em sentido contrario. A colocação do guarda, único elemento de ligação dos prisioneiros com o mundo real, na porta desde o inicio do espetáculo, a grade que fecha a entrada do público, a distribuição de roupas de sentenciados que os espectadores devem vestir, sentado sobre cobertores de detentos, são dados realistas que incorporam a platéia ao mundo da prisão, acentuado pela estrutura fria do auditório, esta sim bem aproveitada como elemento cênico. Perde-se o confronto entre os dois mundos, não se consegue criar um clima de fantasia no espetáculo e se tirar ao espectador a oportunidade de decidir por ele, que também é prisioneiro da condição humana. Nas marcações até ao naturalismo do uso do sanitário se chega, quebrando qualquer possibilidade de criação de um clima irreal. O resultado é um espetáculo corretamente apresentado mas superficial, sem penetrar nas intenções do texto.

Dos atores, Edgar Franco é o que consegue mais atingir o sentido da personagem, perdendo na sua ignorância e incompreensão de tudo que acontece, o que é melhor revelado na cena de reconstituição do crime. Eraldo Rizzo está correto. Já Luiz Fernando de Rezende se mantém numa linha de superioridade irônica, inteiramente em desacordo com o exigido pelo papel. Anton Chaves desimcumbe-se apropriadamente da pequena cena do guarda.

O *Panorama* é realista e bom
OESP
22 de abril de 1972

O público brasileiro, pelo menos o que acompanha o teatro há algum tempo, esta familiarizado com a dramaturgia de Arthur Miller, pois pelo menos quatro de suas peças foram sucesso na época em que foram encenadas: *A Morte do Caixeiro Viajante* (Cia. Jaime Costa), *Panorama Visto da Ponte* (TCB -1958), *As Feiticeiras de Salem* (Pequeno Teatro de Comedia - 1960) e *Depois da Queda* (Cia. Maria Della Costa - 1964). É verdade que todos os movimentos da vanguarda deixaram num certo ostracismo o teatro de Arthur Miller. Um autor que se preocupa com os problemas da psicologia individual, com o estudo da degradação de um individuo pelos seus problemas íntimos, não parece atualizado nesta nossa época de movimentos coletivos, em que nos interessamos muito mais pela guerra do Vietnã, em nome da salvação do Homem, do que com o nosso vizinho que more ao nosso lado.

Panorama Visto da Ponte não é um retrato social, mas o estudo de um homem que se debate contra uma paixão quase incestuosa até ser destruído, num fatalismo psicológico. O advogado, como "Corifeu", diz ao público que prevê a tragédia final mas nada pode fazer. Como chamar a policia ou invocar as leis para defender um homem contra si mesmo? E assim Eddie Carbone caminha para a morte, tentando justificar-se, lançando a culpa nos outros sem reconhecer que nele mesmo estavam os fatores da própria destruição.

Claro que Arthur Miller não poderia esquecer o contexto social. Assim como na *Morte do Caixeiro Viajante* a estrutura capitalista é posta em questão, em *As Feiticeiras de Salem* o macartismo é criticado, em *Depois da Queda* os campos de concentração nazistas são denunciados, no *Panorama* alguns subtemas, como a solidariedade do grupo, o código de honra, o regime que ordena a imigração, a corrupção dos sindicatos ("enquanto você deve dinheiro a eles terá trabalho"), são apresentados num segundo plano. O que importa, porém, é a destruição de um homem por uma paixão inconfessável e impossível.

Odlavas Petti compreendeu bem o sentido do drama. Depois de ter feito o curso de ator da Escola de Arte Dramática, ter feito alguns papeis importantes como interprete, estréia agora como diretor e estréia bem. Respeitando os valores do texto, sem procurar enfeitar o espetáculo com recursos de efeito fácil mas que seriam estranhos ao sentido do drama apresentado, deu uma linha realista bastante satisfatória e obteve dos atores uma unidade cênica altamente eficiente. Se na estréia o ritmo se arrastou um pouco na parte final do primeiro ato, acreditamos que com a continuidade dos espetáculos esse senão será corrigido.

Leonardo Villar retoma o papel que lhe deu notoriedade na primeira montagem do TBC. Mais amadurecido, o seu Eddie é uma criação sincera e convicente, suficientemente humana para nos transmitir toda perplexidade e contradição da personagem. É uma satisfação revê-lo, o que nos faz lamentar ao longo do período em que esteve afastado do palco. Célia Helena compõe com precisão o tipo de mulher passiva, que vai compreendendo o que se passa com o marido mas não tem força para intervir além dos apelos sentimentais. Ewerton de Castro dá a dinâmica jovem da personagem, marcando o que ela tem de diferente sem que transpareça qualquer dubiedade na sua personalidade. Já Cecília Loyola se esforça sem conseguir vencer um certo tom artístico. Lineu Dias esta correto no Advogado, e Silvio Francisco tem o físico adequado para o papel, com a qualidade de saber ficar quieto marcando a presença da personagem. Os demais, em pequenas pontas, não destoam do conjunto.

O cenário de Marcos Weinstock lembra bastante o da encenação anterior, mas com uma linha mais realista, abandonando os elementos construtivas e teatralistas, de modo a se manter fiel ao estilo da direção. A iluminação é utilizada com o elemento dramático acertadamente.

Um texto poético pouco aproveitado

OESP
23 de abril de 1972

Neste ano do sesquicentenário da Independência, certamente muitos espetáculos serão montados com temas históricos, cumprindo uma das funções do Teatro que é a didática. A questão esta na escolha de textos que apresentem um suporte de alto nível literária para o espetáculo ou na seleção de temas adequados para a criação de uma nova peça teatral.

Rofran Fernandes teve uma decisão acertada inicial ao adaptar os poemas do Romanceiro de Inconfidência de Cecília de Meireles. A nossa grande poetisa certamente teria ficado satisfeita com a transferência e dramatização dos seus versos, pois nos lembramos do nosso ultimo encontro, numa conferencia na SABAT, em que conversamos sobre teatro e ela nos revelou o seu entusiasmo pelo poder da comunicação da arte dramática. Assim, o ponto de partida, um texto de alta qualidade poética, já garantia grande parte do resultado a ser obtido.

Assistimos ao espetáculo num dia de condições adversas: um problema técnico atrasou de 40 minutos o inicio da sessão, prejudicando ainda, a iluminação e a montagem cenográfica. Um público heterogêneo, com crianças, adolescentes e adultos, nem sempre habituados ao teatro, ficou irrequieto com a demora. Além disso, do balcão onde ficamos, já que a platéia estava toda tomada pelo público escola, a visão do espetáculo é deformada pelo ângulo muito alto de visibilidade. Com essas ressalvas, entretanto, temos que reconhecer que o espetáculo é um pouco longo, monótono em alguns momentos e nem sempre feliz na sua realização. Alguns cortes são necessários pois quase duas horas sem intervalo é excessivo para uma platéia sem o habito de assistir teatro.

Esses, nos parece é o primeiro problema que se coloca: qual o público que se pretende atingir? A faixa escolar infantil (havia crianças desde cinco anos), a pré-adolescentes, ou adolescentes do 2° ciclo? O espetáculo com momentos que agradam mais a um público infantil, mas com um texto que não lhes é muito acessível, com outros de nível mais juvenil, e ainda outros com intenções somente compreendidas por adultos, corre o risco de procurar agradar a todos e acabar não agradando a ninguém. O tom familiar impresso a algumas cenas, especialmente nas intervenções de Rofran Fernandes, fica em conflito com outras que se atinge o grandiloquente, de gosto discutível, com o crescimento final da figura de Tiradentes.

Além da falta de definição na linha geral do espetáculo, também o elenco é bastante irregular. Dentro da concepção de uma montagem musicada e dançada, e com um texto poético, é preciso contar com autores de grande experiência no uso da voz e do corpo. Dicção e expressão corporal exigem um longo preparo, não podendo ser adquiridos no tempo em que geralmente se prepara uma encenação. Assim mesmo, deve ser ressaltada a participação de Lourdes de Moraes, com sua expressiva voz de contralto, uma presença cênica marcante, que sustenta todos os momentos de que participa. Muito boa também a voz do cantor, se não nos enganamos Francisco B. Menezes (como esta se tornando habito, os programas não estavam prontos e não foram distribuídos ainda no segundo dia de espetáculo).

Do cenário e iluminação, o defeito técnico não nos permite um juízo adequado. Quanto a coreografia, bastante complicada, inclusive com uma dança espanhola deslocada, vista de cima deu a impressão de não estar bem assimilada pelo elenco, com agrupamentos confusos e pouco expressivos, em alguns momentos. A musica, porém, é um dos pontos altos do espetáculo, bem integrada nos versos.

De qualquer modo, as intenções didáticas, especialmente pela qualidade da poesia de Cecília de Meirelles, poderão ser atingidas se se limitar a faixa etária do público e for reduzida a duração do espetáculo, louvando-se a iniciativa da montagem.

Uma boa encenação do *Auto da Compadecida*

OESP
27 de abril de 1972

Poucas peças brasileiras conseguiram um nível de universalidade, e por isso foram representadas em vários outros países com sucesso, como o *Auto da Compadecida* de Ariano Suassuna. O que parecia uma história regional, com tipos característicos do nordeste, podendo interessar e, ser compreendidos por brasileiros, adquiriu uma dimensão maior pelo talento de Suassuna, como uma síntese dos defeitos e qualidades da própria humanidade, identificáveis em qualquer tempo ou lugar. Para nós mesmos, a cada vez que a peça é reencenada, e o foi de varias vezes, sempre nos prende a atenção, nos faz pensar enquanto nos diverte, e nos faz descobrir novas qualidades.

A forma adotada por Suassuna, como se fosse um espetáculo circense, com o Palhaço como condutor, se integra com o esquema do "Miracle de Notre-Dame", medieval, em que Nossa Senhora, como uma nova "deusa ex machina", intervem miraculosamente para solucionar os problemas, obtendo o perdão para a humanidade pecadora. Esse sentido religioso, que expressa também o sentimento popular nordestino, se casa com as características da literatura popular, crenças e modismos, do nordeste brasileiro. Suassuna conseguiu, como mais recente no seu Romance da Pedra do Reino, uma fusão maravilhosa do fantástico e do real, do sentimento realista e idealista com o espírito pratico, que no Auto como Romance fazem das duas obras verdadeiras obras-primas. Mas a personagem "João Grilo" ainda nos parece superior ao "Dom Dinis", sem a conotação paranóica mas expressando toda a esperteza, habilidade e maneirismo do nosso povo, o famoso "jeitinho" nacional.

A encenação de Auto da Compadecida é sempre perigosa para o diretor, pois sob uma aparente facilidade, pelos elementos altamente comunicativos do texto, a peça esconde dificuldades principalmente pelo limite extremo que toca o ridículo se não for bem conduzida. A presença de um Cristo negro, muito antes que o modismo atual se tornasse constante no palco Cristo e negros, os tipos acentuadamente marcados do "Padre João", do "Sacristão", do "Padeiro", exigem uma direção firme para que o espetáculo deixe de ser farsa e se torne irrisório.

João Cândido, de quem não vimos nenhum outro trabalho de direção, consegue manter todas as qualidades de comunicação popular do texto, numa linha de dignidade cênica elogiável. Gostamos menos da divisão em dois atos, pois sendo longa a peça, a divisão original em três é mais prudente para evitar o cansaço, principalmente num teatro desconfortável como o Galpão.

Também o cenário, de simples cortinas mas bem dentro do espírito da encenação, proposta pelo autor; funciona satisfatoriamente. Quanto aos figurinos, como o cenário realizados pelo diretor, poderiam merecer mais cuidado, especialmente os de "Manuel" da "Compadecida".

Paulo Hesse, ganhou um prêmio revelação da Associação Paulista de Críticos Teatrais e teve uma excelente participação em *Peer Gynt*, mas ainda não tinha tido um papel que lhe permitisse explorar todo o seu talento. A personagem de "João Grilo" lhe dá essa oportunidade, que ele aproveita muito bem, fazendo-nos lamentar apenas que o espetáculo não esteja sendo apresentado em horário normal para um público maior. Inteligentemente Paulo Hesse não procurou compor um nordestino, trazendo a personagem mais para uma linha de caipira paulista, possível dentro da universidade do pape, que aumenta sua comunicabilidade para o nosso público, que no dia em que vimos era quase totalmente jovem.

Amilton Monteiro faz bem o "suporte", com alguns momentos excelentes mas me outros se ressentindo de uma maior experiência ou preparação técnica. Bia Macedo vence os inconvenientes de um "Palhaço" feminino, conseguindo conduzir, como pedido, o espetáculo. Excelente a composição de Anaty Alvarez na "Mulher do Padeiro" e convincentes as participações de Walter Cruz (também a merecer a maior oportunidade do nosso teatro) e de Rubens Rollo no "Encourado". Vera Nunes, com sua grande experiência, dá a medida de suavidade e compreensão da "Compadecida". Já Batista Rollo é inseguro e pouco expressivo. Os demais não comprometem.

Uma proposta parcialmente bem sucedida
OESP
12 de maio de 1972

Para se assistir ao novo espetáculo do Oficina é preciso, em primeiro lugar, estar preparado pra tudo: pra gritar, pra dançar, sentar-se no chão, ser arrastado por uma corda e até brigar com seu vizinho, porque a criação é coletiva e a separação entre público e atores é intencionalmente destruídas aos poucos. Em segundo lugar deve-se estar preparado para uma entrega ao espetáculo no plano emocional sob pena de ficar marginalizado. Em terceiro lugar é preciso abandonar qualquer conceito anterior sobre teatro como espetáculo a que se assiste, para participar de um rito, como teriam participado os gregos da procissão dionisíaca primitiva, os cristãos do drama litúrgico medieval, ou os bantus nas suas teatralizações mágicas.

Num certo sentido, procura-se o teatro a que se referia Louis Jouvet, quando se dizia que ele só se interessa nas épocas privilegiadas em que a voz do poeta dramático, expressando uma mesma fé, reúne em torno de si o povo ligado por uma mesma esperança. O problema esta em não vivermos uma época privilegiada com uma mesma fé ou esperança e quando a proposta racional que esta por traz da aparência emotiva é descoberta pelo público de *Gracias Señor*, as reações são as mais diversas, inclusive de rejeição.

Criticar uma experiência desse tipo, em que se procura um novo caminho (ainda que não hão experiências e não tão novo como se pretende) é fácil pelas falhas e pelos fins não atingidos. Por outro lado, escrever com objetividade sobre o espetáculo é dificílimo para o crítico, não somente porque o julgamento é valido apenas para a sessão de que participou, pois se a estrutura permanece a mesma, a contribuição do público modifica os resultados, como porque para o julgamento justo é preciso se entregar as sensações propostas, e ao mesmo tempo manter uma observação distante e imparcial. Esse dualismo torna a tarefa do crítico duplamente insatisfatória.

Não há duvida que a proposição básica é valida: uma integração do público que é chamado a participar da própria criação do teatro, num ritual em que todos são autores, atores, diretores e cenógrafos ao mesmo tempo. Essa integração é obtida em vários momentos, que chegam a atingir um plano de grande beleza, como na "viagem" da 2ª parte. O jogo criativo do bastão, no que pese a proposição racionalista, é outro momento de união em torno duma tarefa criadora.

Entretanto, o Oficina precisa considerar algumas questões que se colocam sobre os resultados alcançados. Não vamos tratar de alguma contradições, pois quando se coloca em foco o homem, todos sabemos que a natureza humana é contraditória, ou esquizofrênica como propõe o espetáculo, ou decaída como a há seis mil anos já esclareciam os textos bíblicos.

Mas alguns pontos merecem exame: a maior participação é obtida nos momentos lúdicos (o que o carnaval já havia evidenciado) ou quando se apela para a agressividade, o que também é muito fácil. Por outro lado, como se procura romper as defesas do consciente, e se aborda o inconsciente, é preciso que se esteja em condições de controle, que só um especialista pode atender. Não se joga impunemente com 400 pessoas, a grande maioria jovem. Afinal o homem é o fim para o qual das coisas foram feitas e o respeito as ser humano, seja quem for, mesmo que esteja na posição contraria a nossa, tem que ser a regra para quem queira merecer a condição de homem. Ainda é preciso considerar que para um grande número de espectadores, como pudemos observar pessoalmente, o processo funciona em outro sentido, como catarsis e assim, depois de um grande circulo, voltamos ao velho Aristóteles, longe da proposta inicial.

Finalmente, há que considerar o hermetismo das proposições, escondidas atrás dos apelos emocionais e que passam somente para os que já conhecem o contexto. Afinal, a grande maioria não fez a viagem do grupo, que, aliás, como elemento detonador é inteiramente artificial.

De qualquer modo a proposta fundamental é importante em termos de abertura. Como disse uma universitária, *"não entendi, não sei se gostei, mas acho muito importante"*. O que define o espetáculo, no bom e no mau.

Os intrépidos rapazes fazem uma semana muito divertida

OESP
17 de maio de 1972

O Teatro, que foi o grande ausente nas atividades artísticas da Semana de Arte Moderna de 22, não poderia ficar de fora das manifestações comemorativas do cinquentenário de um acontecimento, que com toda a revisão crítica possível, serviu indiscutivelmente para a renovação do nosso então (então?) conservador ambiente artístico. Afinal, o desenvolvimento teatral já permitiu que as peças de Oswald de Andrade que há apenas alguns anos pareciam impossíveis de serem encenadas, fossem montadas, inclusive com sucesso de público. Todas as aberturas no nosso teatro atual, tem, em última análise, sua primeira viabilidade na renovação modernista.

Mas uma comemoração no estilo promocional e convencional, que destaca muito mais os comemorantes do que os homenageados, seria contra o espírito dos modernistas de 22 ao próprio antiteatro. Foi o que compreenderam inteligentemente Carlos de Queiroz Telles e Fernando Peixoto, autor e diretor de *A Semana* ou *Esses Intrépidos Rapazes e sua Maravilhosa Semana de Arte Moderna* e que citamos juntos porque o espetáculo nos apareceu um todo harmônico, em que o texto terá sido escrito em função da montagem e a função da montagem e a encenação contribuindo para a estrutura da peça, quase como uma criação conjunta. Desse trabalho comum, resultou um espetáculo desinibido, comunicativo, divertido, sem que se deixe de perceber, sob uma aparência não comprometida, várias proposições didáticas, inclusive pela leitura final do discurso de Mario de Andrade.

A concepção do espetáculo mantêm-se fiel ao espírito de 22; nada de um respeitoso formalismo para com a Semana, nada de mitificar os seus participantes. As contribuições dos modernistas estão presentes nas reproduções dos quadros, nos textos originais apresentados. No mais, é o teatro moderno, com a utilização de todos os recursos, musica, conto, pantomima, slides, fotos, filmes (que delicia o filme de São Paulo de há apenas 40 anos, dando-nos uma medida da rapidez das transformações operadas). Já na entrada, com a decoração do hall do teatro e o discurso tradicional, o espetáculo prende o público, o incorpora aos seus objetivos, mantém um sentido lúdico em toda a representação.

O cenário de Helio Eichbauer que se desenvolve desde o saguão, esta inteiramente integrado no espetáculo, como um dos elementos criadores do clima irônico e crítico, respeitando uma concepção plástica moderna. A utilização das latas, na linha pop, é a versão atual para as idéias criativas e inovadoras de 22. Os figurinos, marcadamente caricatos, são extremamente felizes com alguns achados excepcionais, como a cobra que se transforma no microfone de apresentadora.

As personagens da Semana, algumas ainda vivas, são apresentadas com seus próprios nomes, mas inteligentemente não se procurou uma semelhança física, o que seria uma reconstituição de museu de cera. Apenas um ou outro elemento define o tipo dos participantes do movimento modernista, como a altura e o jeito tímido de Mario de Andrade, a extroversão de Oswald, as sombrancelhas de Monteiro Lobato, o andar saltitante de Guilherme de Almeida ou a mão no bolso se Menotti Del Picchia. Assim os atores puderam se entregar mais livremente ao jogo lúdico.

O elenco de Núcleo revela um grande progresso, tendo Fernando Peixoto obtido desta vez, um resultado bastante satisfatório no trabalho com os autores. Talvez esse seja o melhor caminho, uma representação descontraída e criativa, para um grupo ainda em desenvolvimento. O fato é que todos entram no jogo, merecendo destaque Walter Santos, auxiliado por uma excelente voz. Antônio Pedro, desta vez abusando menos da maleabilidade do seu corpo, esta à vontade no Oswald, bem dentro da linha da suas características de ator. Celso Frateschi precisa cuidar da má colocação da voz, que poderá prejudicá-lo no futuro. Boas as participações de Edson Mendes, Antônio Maschio, Dulce Muniz, Margot Baird e Cecília Rabello.

Músicas bem escolhidas de vários compositores atuais.

Criação coletiva de alto nível artístico

OESP
25 de maio de 1972

A grande virtude do espetáculo do TUCA, agora inteiramente desligado da sua origem na Universidade Católica, é que vai a essência mesmo do Teatro, é um espetáculo que acontece no momento mesmo da representação, o "aqui e agora" é o eixo da criação coletiva dos sete atores, limitados no espaço circular da arena. Ainda que não se possa compreender o por quê do limite diante da proposição do grupo, a verdade é que o espetáculo consegue ultrapassá-lo, atingindo o público sem a necessidade de recursos grosseiros, sem que seja preciso adotar atitudes de animador de auditório ou que atores forcem o público a entrar no palco. Na cena final, quando os atores voltam para o seu monte de lixo, inertes na sua nudez, os espectadores começam a cantar espontaneamente o tema musical, numa comprovação final de que estiveram em comunhão com a representação, numa unidade palco-platéia que poucas vezes vimos na nossa longa vivência teatral.

Diante do verbalismo excessivo da nossa cultura ocidental, em que aprendemos a nos comunicar apenas pela palavra, oral ou escrita, em que todos os outros sentidos são bloqueados por uma educação castradora, o espetáculo do TUCA opta pelo extremo oposto. Sem ser uma apresentação pantomimica, nenhuma palavra é dita durante toda a encenação. O texto criado pelos atores é vivido simplesmente, num trabalho de interação entre as personagens, e entre o que se passa no espaço cênico e o público. É claro que essa opção é extremada, pois eliminar a fala humana também é uma atitude mutiladora da condição humana. Entretanto, diante do exagero oposto é válida como demonstração de todas as potencialidades do homem, sufocadas pela verbalização excessiva.

A unidade o espetáculo só é possível pelo trabalho vivenciado pelo grupo, unido numa mesma opção criadora. Tudo funciona em uníssono, a luz como elemento definidor de atitudes, a música expressando as emoções, a cenografia de recursos simples mas de grande efeito e funcionalidade, uma simples armação aranha, guarda-sol, grade ou o que se queira interpretar, mas que permite definir os momentos achaves da evolução do tema dramático. Aliás a simplicidade dos elementos usados, como lixo sofregamente catado e disputado, que representa o trabalho de uma vida inteira atrás de vantagens, prêmios, honrarias, utilidades materiais, é um dos fatores do excelente resultado obtido.

Ao espetáculo não faltam a agressividade e crueldade que marcam o caminho do homem, mas depois do morticínio geral, o renascimento para um outro caminho, inteiramente despojado de tudo o que era anterior, definido na nudez completa dos atores, e numa entrega desse despojamento ao público na comunicação final pelo olhar, marca uma abertura de esperança.

Pode-se fazer restrições ao Terceiro Demônio na sua versão atual (e como não vimos a anterior temos que ficar na apreciação apenas do resultado agora apresentado, sem poder examinar o longo caminho percorrido pelo grupo) e a mais importante é uma certa linha neurótica numa repetição obssessiva, que seria desnecessária para a compreensão do espetáculo. Entretanto, as qualidades de criação superam quaisquer falhas, com a condição de não se ler o programa antes. De fato, quando se diz que não é necessário técnica para se representar, apelando para os exemplos da vida cotidiana, está-se negando o próprio ato do espetáculo. No momento em que a faca é de borracha e os atores não são mortos a cada noite, estamos no campo da interpretação e quanto mais esta puder ser apurada pelo desenvolvimento das possibilidades dos atores melhor será o resultado. Por isso mesmo o grupo veio trabalhando durante anos para um aperfeiçoamento da sua expressão e integração, e que transparece no resultado obtido.

Mas o que nos interessa é o espetáculo não as racionalizações imaturas do programa, e este realmente atingiu um ato nível de criação artística.

Jogo inteligente, de alto nível cênico

OESP
24 de outubro de 1972

O gênero policial, na literatura como no teatro, foi sempre considerado como de segunda categoria, por um processo preconceituoso que considera muito mais a classificação do que a obra literária ou teatro em si. O cinema, talvez por se tratar de uma forma de expressão mais recente, conseguiu se livrar do preconceito, e nas cinematecas são encontrados filmes policiais (como mais recentemente os de ficção científica), classificados como obras clássicas da arte cinematográfica. Entretanto, o policial foi sempre o gênero, como diz o personagem de Sleuth, preferido pelas "pessoas cultas e inteligentes". De fato, as regras do jogo no gênero policial permitem um exercício de grande satisfação intelectual. E se quisermos procurar na história teatral, podemos chegar a encontrar um antepassado de grande prestígio e importância como o "Édipo Rei" de Sófocles, tragédia a qual se podem aplicar as normas que orientam as peças caracteristicamente policiais.

Um dos indícios do desenvolvimento do teatro em São Paulo, apesar de todas as Cassandras, é que o nosso ambiente cênico já comporta a apresentação de todos os gêneros, bastando um olhar sobre os anúncios dos espetáculos em cena para comprová-lo. Assim, não surpreende que a peça policial de

Anthony Shaiffer, Sleuth, com o título nacional de *O Estranho Caso de Mr. Morgan*, premiada com o Tony como melhor peça de 1971 na Broadway, já esteja sendo encenada entre nós e, diga-se logo, encenada dentro de um alto nível cênico, apresentando-se como um dos bons espetáculos da temporada.

O primeiro ato de Sleuth tem todas as características do policial mais convencional, a começar pelo personagem condutor que é, como em tantos outros, o indefectível escritor de romances de mistério que resolve transpor para a vida real uma de suas ficçõs literárias. Todos os outros chavões do gênero comparecem: o amante latino da esposa do escritor, dando o móvel do crime mais antigo que existe, o ciúme, o roubo simulado de jóias para receber o seguro, o desenlace "surpreendente" em que a vingança do marido traído se consuma. Enfim, o primeiro ato por si só é toda uma peça policial, que se completa a ponto do público ficar em dúvida se haveria um segundo ato, um tanto surpreendido com a convencional e rápida solução da trama.

Colocando, assim, de propósito, numa evidente intenção satírica, todas as convenções do gênero no primeiro ato, Anthony Shaffer vai desenvolver no segundo a revisão de toda a história, fazendo o jogo sobre o jogo num exercício de inteligência que justifica plenamente as duas horas de representação. É o momento das surpresas, das reviravoltas nas situações, que mantém o interesse contínuo do espectador.

Sem dúvida o texto permite uma abordagem satírica, quase numa linha cômica, pelo jogo que o autor faz com os elementos tradicionais. Antunes Filho preferiu orientar a encenação num sentido sério, mesmo nas cenas da fantasia de palhaço em que está a um passo do ridículo. Essa concepção, porém, tem um resultado bastante eficiente, salientando e não perdendo, pelo contraste, as intenções satíricas do próprio gênero. Com um trabalho bastante minucioso na caracterização dos personagens, mantendo um ritmo sempre adequado à sucessão das cenas, a direção de Antunes Filho cria o ambiente necessário à evolução da história, com todas as modifica ções que a trama sofre perfeitamente transmitida ao público.

Sérgio Viotti compõe com precisão a figura do escritor inglês, num domínio cênico completo, permitindo o duelo com o jovem rival que ele pretende dominar. Se alguma restrição poderíamos fazer, seria quanto à sua articulação, principalmente na emissão áspera das vogais. Ney Latorraca, que surgiu como um talentoso ator, tem aqui a oportunidade de mostrar todos os recursos dramáticos de que dispõe, principalmente no segundo ato, firmando-se como um intérprete de primeira linha. O cenário de José de Anchieta cria realisticamente o ambiente inglês adequado à peça.

O drama resiste a qualquer encenação

OESP
29 de setembro de 1972

Na dramaturgia russa do período (*Ralé* estreiou em 1902) e na dramaturgia de Gorki, o drama desses grupos de infelizes marginalizados que vegetam num porão transformado em cortiço é, talvez, o de maior conteúdo humano. De fato não encontramos numa proposição ideológica direta, os personagens não se unem para um movimento de revolta contra uma situação social injusta ou defendem uma tese revolucionária. Nesse sentido, a peça é menos comprometida com um contexto histórico, tratando dos problemas humanos numa visão mais ampla e mais profunda da própria condição do homem, das sociedades injustas que organiza, até mesmo no micromundo dos marginalizados com todas as contradições que a psicologia individual anima as ações humanas.

Se há momentos de compreensão e solidariedade, com Luká, há a exploração dos infelizes pelos donos do albergue, também eles pertencentes ao submundo, ou a crueldade com que são ridicularizados os sonhos de melhoria futura. Por isso *Ralé* não se desatualiza, permanecendo como um sensível estudo psicológico das reações de indivíduos ligados por uma monstruosa e desumana situação marginalizada.

Teatralmente a peça é muito bem construída, com personagens caracterizados em tipos bem definidos, uma sucessão de conflitos pessoais que mantém a ação dramática num fluxo contínuo, sem perder o interesse em nenhum momento. Por isso, ela tem sido constantemente escolhida por grupos amadores que, duvidando da própria eficiência cênica, se apóiam nas qualidades do texto, que resiste e sobrevive à qualquer encenação.

A montagem do Teatro Moderno, grupo para nós desconhecido, revela mais uma vez a verdade daquela afimação. Há muito não víamos uma companhia profissional apresentar um espetáculo de características tão amadoras, no mau sentido da expressão, fazendo-nos voltar vinte e cinco anos, ao tempo em que participávamos dos festivais de teatro amador. Entretanto, o texto ainda é uma satisfação por mais que tenha sofrido "atualizações", desnecessárias.

A direção de uma peça desse npivel já é uma tarefa extraordinária, exigindo do diretor talento, cultura e experiência. Francisco Miranda não se contentou, porém, em enfrentá-la somente, encarregando-se ainda da cenografia e do papel de "Kostilev". Um esforço herculeo, que poderia dar resultados muito satisfatórios. Na direção, faltou um aprofundamento dos valores universais da peça e sentido psicológico dos personagens. A apresentação dos *slides*, que chega a interromper a ação, foi um recurso desnecessário, que nada acrescenta à óbvia atualidade do texto. Quanto ao cenário, poderíamos aceitar uma depuração impressionista ou mesmo expressionista, já que não se queria ou podia utilizar do realismo, mais adequado ao texto, mas o teatralismo adotado não contribui para o espetáculo. Parece que a maior preocupação do diretor foi conseguir movimentar vinte atores no espaço limitado do palco, no que, aliás, se saiu bem. Resta a sua interpretação, agradavelmente comedida e simples, ainda que sem maior força dramática.

Quanto ao numeroso elenco, todo ele se apresenta naquele tom artificial e monótono de quem não teve maior preparação técnica (hoje cada vez mais necessária ao ator) ou um aprendizado experimental, que de pequenos papéis, sob a direção de grandes encenadores, pode levar à interpretação de grandes personagens dramáticos. O resultado é que a composição dos personagens, além dos defeitos técnicos de representação, fica sempre na superfície. Entretanto, alguns atores chegam a revelar, qualidades em certos momentos, como Roberto Tallarico, Gê, Domingues, Cilas Gregório, Maria Alice, ainda que precisem humildemente começar do princípio que possam enfrentar personagens tão complexos como os de Gorki. O que aliás, nos parece ser o único caminho possível para todo o conjunto.

Fantasmas ou Neurose

OESP
12 de dezembro de 1972

Corredores sombrios, noites tempestuosas, criados misteriosos, ranger de portar, arrastar de correntes, torres em ruínas, são os ingredientes comuns às novelas, filmes e peças de terror, especialmente se o local da ação e na Inglaterra.

Henry James (1834-1916), escritor norte-americano que se naturalizou inglês, escreveu em 1898 uma novela de terror, *A Outra Volta do Parafuso*, com elementos diferentes: duas belas e inocentes crianças (daí o título da peça e do filme extraídos do texto) uma jovem e bela preceptora, uma governanta idosa e compreensiva, numa casa de campo alegre com um lindo jardim florido. Há, é verdade, duas torres antigas, mas nem um pouco tenebrosas. O elemento sobrenatural seria a aparição de dois empregados falecidos, que exerceram e ainda exerciam uma influência maléfica nas crianças. Mas o terror é obtido pela evolução do clima psicológico, deixando, inclusive ao leitor a opção entre a existência real dos fantasmas ou que tudo não passaria de alucinações de uma preceptora neurótica.

Assim, o importante para que a transposição da novela para o teatro atinja o espectador, está em manter a mesma linha de evolução psicológica, a criação de um clima de terror por elementos interiores, em contraste com o ambiente tranqüilo da ação.

Não é por mero acaso que Henry James faz acontecer a primeira aparição do fantasma do criado, durante o dia e no jardim florido. Também os fatos são sempre vistos do ângulo da preceptora, pois na novela os acontecimentos são narrados por ela. Fica, pois, o leitor, apenas com os dados apresentados pela compreensão de miss Giddens, e da sua análise é que poderá desconfiar de que nada foi real, mas apenas uma desastrada intervenção de uma neurótica na vida de duas inocentes crianças, já prejudicadas pelo abandono do tio e tutor, e pela influência dos empregados anteriores.

A peça no teatro Gazeta reduz muito os acontecimento e os elementos informativos, não obtendo, assim, a ambientação psicológica necessária à dúvida colocada pelo autor original, e que é a chave de toda a história. O espetáculo, prejudicado nas primeiras sessões pelo desencontro das luzes, e pelo excesso com que a cortina, barulhenta e defeituosa, é fechada (quando o simples escurecimento resolveria o problema de tempo), defeitos que poderão ser corrigidos, demonstra que Egydio Eccio sentiu o empobrecimento psicológico do texto na transposição dramática, recorrendo a trovões e relâmpagos, portas abertas repentinamente com folhas secas sopradas pelo vento, fantasmas aparecendo em ângulos escuros (que antes ou depois estão iluminados), o que transforma a peça num drama habitual de terror. Dentro dessa linha, entretanto, o espetáculo está cuidado e apresentado com razoável dignidade cênica. Para isso contribui o cenário Tudor de Campello Neto, com o seu habitual bom gosto e que consegue trazer para a cena, o belo jardim cheio de flores da indicação original, tão necessário ao contraste. Também os figurinos, recuados para a época da crinolina, o que sempre dá às personagens femininas um caráter mais frágil e gracioso, são muito bonitos. O único senão nesse setor, mas que cabe à direção, é o fato de uma preceptora pobre, filha de um pastor do interior, com dez irmãos, poder exibir quatro trajes luxuosos enquanto que a menina rica apenas usa dois em alguns dias.

Quanto ao elenco, todo ele está correto, mas falta um pouco mais de vibração interior para que o espetáculo atinja o tom exato. É possível que esse tom possa ser alcançado na continuação das representações. Irene Ravache, a melhor intérprete, com um tipo ajustado ao personagem, confunde, entretanto, no início, a despreocupação da jovem preceptora com frieza. Linda Gray está bem nas cenas normais mas não obtém a força necessária em momentos em que é mais exigida. As crianças estão surpreendentemente razoáveis, sem os tiques de atores infantis, resolvendo o perigoso problema de personagens desse tipo no teatro.

Enfim, um espetáculo correto mais ao qual falta um pouco mais de vibração para que satisfaça completamente o espectador.

Uma Fiel Montagem de *Virginia Woolf*

OESP
13 de janeiro de 1973

Edward Albee, um dos mais prestigiados autores norte-americanos contemporâneos, é conhecido no Brasil, por duas peças que, por sinal. Foram remontadas este ano em São Paulo, *Zôo Story*, e *Quem tem medo de Virginia Woolf* (*A caixa de areia* teve uma encenação curricular pela Escola de Arte Dramática em 1969). E se pode dizer que o dramaturgo norte-americano tem sido feliz em suas encenações entre nós: *Zôo Story*, pela direção e interpretação, foi um dos melhores espetáculos do primeiro semestre, e *Virginia Woolf*, foi, nossa primeira montagem, interpretada pela grande e saudosa Cacilda Becker. Agora, Raul Cortez produz e Antunes Filho dirige uma nova versão de *Virginia Woolf*, considerada com justiça talvez a melhor peça de Albee. E podemos dizer desde logo, que a nova montagem faz jus ao autor e resultou em um espetáculo de alto nível independentemente de restrições que se lhe possa fazer.

Como em quase todas as peças de Albee, também *Virginia Woolf*, permite várias leituras, com toda a complexidade temática do autor. Numa primeira interpretação, pode-se tomar o texto como um retrato realista da luta pela sobrevivência, com todo o corolário de pequenas humilhações, subserviências, relações interesseiras, derrotas, no contexto de uma universidade particular americana. Esse sentido pode ser ampliado para as dificuldades das relações humanas numa comunidade fechada e artificialmente constituída. Ou, ainda, os conflitos de interesses, a disputa pelo poder, a necessidade de afirmação e de sucesso em qualquer estrutura da sociedade capitalista. Outras leituras nos permite compreender a incomunicabilidade humana no relacionamento diário, especialmente num casamento desajustado. Ainda podemos pensar na sucessão de gerações, a nova rejeitando a mais antiga sem perceber que é o seu espelho e que possivelmente seguira o mesmo caminho (e os dois casais da peça são colocados nessa posição). Mas a peça pode ainda ser entendida como simbólica, figurando toda a complexidade dos seres humanos, contraditórios, vitimas de suas emoções, criando muletas artificiais (no caso o filho) para sustentar. Nem mesmo falta ao texto, ainda que Albee negue, um toque de homossexualismo subjacente aos personagens.

Essas múltiplas possibilidades é que dão uma dimensão ao texto, mas para que possam ser utilizadas pelo espectador é preciso que o espetáculo tenha um tom de ambigüidade, também uma característica dos personagens de Albee, permitindo ao público tirar suas ilações. A restrição maior que se pode fazer à direção de Antunes Filho é que esse tom não foi obtido, exceto no personagem de George. Explorando bem a violência verbal dos diálogos, conseguindo interpretações corretas, movimentando, talvez, excessivamente, os atores para cobrir o amplo espaço do Anchieta, Antunes realiza um espetáculo de ótimo nível artesanal! Mas que seria enriquecido se as nuanças dos personagens fossem melhor acentuadas, o que fica bastante claro na linha uniforme do casal jovem.

Raul Cortez, é quem atinge a plenitude da interpretação ambígua, conseguindo, paradoxalmente, demonstrar todos os possíveis e complexos sentimentos dos personagens. Tanto George, pode ser apenas um fracassado professor, marido e pai, vitima de uma estrutura desumana, como pode ser um farsante que se defende, ate de si mesmo, de tendências inconfessáveis, representando o cínico e amoral genro do presidente da instituição universitária. Uma grande e marcante interpretação de Raul Cortez.

Tonia Carrero nos da um trabalho tecnicamente perfeito, mas prejudicada pela fala enrolada que se supõe característica dos alcoolizados, que dificulta a compreensão do texto, somente nos atinge emocionalmente nas cenas contidas. Eugenia de Domenico compõe um tipo de linha caricata, que resulta em efeitos cômicos que se contrapõem ao drama e a crueldade das situações da peça. Se funciona perfeitamente em toda a primeira parte, tira-nos entretanto, a credibilidade do seu próprio drama, como por exemplo, a sua esterilidade psíquica. Roberto Lopes encarna o jovem americano vigoroso, cheio de idealismo, representante do *Sonho americano* (titulo de outra peça de Abee que satiriza essa ilusão na sua dramaturgia), que não suspeitando que o velho professor, que ele despreza, é apenas a prefiguração do seu futuro. Mas essa é apenas a superfície do personagem e na sua composição linear se perde a complexidade interior de Nick.

O cenário de Julieta Lyra no estilo do realismo simplificado ou impressionista, coloca a habitação típica americana, com sua esquematização e impessoalidade, como moldura para a destruição mutua e o emaranhado de problemas, que a peça de Albee apresenta.

Experiência gratuita

OESP
17 de março de 1973

No atual momento do teatro, surgem propostas e experiências que procuram definir novos rumos à arte teatral como condição de sobrevivência num mundo cada vez mais afogado pela tecnologia. A multiplicação dessas tentativas é o próprio sintoma da vitalidade do teatro, o seu aparecimento entre nós deve ser reconhecido como indicio do desenvolvimento que o teatro brasileiro já atingiu, e como tal, as novas experiências devem ser respeitadas e criticadas com seriedade.

Entretanto, para que se a posa partir para a exploração de novas formas, é preciso ter uma base sólida cultura, um conhecimento técnico seguro, como ponto de apoio, pois mesmo para negar o que já foi feito é necessário saber o que esta negando. O grande perigo desses períodos de renovação, em qualquer campo de arte, está na facilidade com que se apresenta gratuitamente qualquer coisa que se imaginou, sem que tenha valor maior do que uma experiência pessoal que só interessa a quem a realizou. No teatro, então, a arte de comunicação grupal por excelência, pouco interessa as elocubrações subjetivas sem que elas sejam transmitidas com um mínimo de universalidade.

No espetáculo escrito, dirigido e interpretado por Antonio Lins, *Terras da Promissão*, o resultado para o público é uma proposta gratuita de uma série de experiências, algumas inspiradas, e mal digeridas, em outras tentativas, que em nenhum momento chegam a superar os limites subjetivos do seu criador. Em quarenta minutos apenas de espetáculo há uma série de cenas, cuja ligação, ou pelo menos intenção, não chega até o público.

A representação começa na forma mais convencional de uma pecinha amadorística, com todos os chavões nordestinos: um capitão discricionário que quer tomar as terras de uma família de lavradores (ou de toda a vila, a coisa não fica muito clara). Com a constante afirmação de que "sêmo pobre mas sêmo gente" que parece ser a filosofia dessa primeira parte, o filho resiste, enquanto o pai esta disposto a ceder até que, não sabemos porque razões, se transforma também em heróico defensor de seu patrimônio. Somente a noiva não agüenta e abandona o grupo de resistentes. Tudo isso entremeado de canções que musica estridente não permite entender. Repetidamente, quando a vila está cercada, o espetáculo muda: todos os atores, sentados em círculos, começam um jogo de bastão utilizado em "Gracias, Senor" mas desta vez restrito apenas aos interpretes. Depois, os atores começam a trazer coisas para o palco, restos de elementos cênicos de *A viagem* vassouras velhas, trapos, imóveis estragados, até que o palco fique inteiramente tomado por velharias, completadas com uma lata de lixo colocada em destaque. Novas musicas, desta vez do repertório carioca, dentre as quais *Cidade Maravilhosa*, escurece-se a cena e brinca-se com lanternas. Mais uma poesia nordestina e termina o espetáculo com um dístico num tabuleta.

Nessa sucessão de cenas exóticas, pouca importância tem a interpretação, ou o tratamento do espaço cênico, ou a concepção geral do espetáculo. Assim, nada há a dizer sobre os atores, a direção e a cenografia.

Satira bem Divertida

OESP
18 de março de 1973

O Teatro Popular do SESI comemora os 10 anos de sua fase mais atuante com a montagem de uma grande comediógrafo brasileiro, hoje desconhecido do nosso público, mas que nas ultimas décadas do século passado (sua ultima peça é de 1890), produziu uma grande obra cômica satirizando os costumes, criticando a política, ridicularizando as inovações. Assim, o TPS firma a sua ultima orientação, de se ater a dramaturgia nacional, com um sentido didático, menos pragmático mas de objetivos culturais. Nesse período de dez anos, o TPS apresentou grandes autores, sempre em montagens cuidadas, para os trabalhadores da industria paulista, que fede outras forma, não teriam oportunidade de assistir espetáculos teatrais. Ainda que tenhamos sempre discordado das entradas gratuitas, pelo aspecto deseducativo das desvalorização do teatro como uma necessidade cultural, o fato concreto é que centenas de milhares de industriários puderam assistir Dostoiewski, Marivaux, Garcia Lorca, Molière, Schiller, além de autores brasileiros antigos e contemporâneos. Esse fato é motivo de orgulho para 0º SESI e para Osmar Rodrigues Cruz, diretor do TPS, e um débito de gratidão e reconhecimento a importância da democratização da cultura entre nós.

Um espetáculo do TPS traz a tona toda a problemática do teatro popular, a adequação das encenações a um tipo especifico de público, e a dificuldade de encontrar o justo limite das concessões, até onde se pode vulgarizar uma encenação para trair um público desabituado ao teatro e de nível cultural mais limitado e até onde se pode chegar para obter a elevação desse nível. Osmar Rodrigues Cruz conhece bem o público a que se dirige e procura obter a justa medida. Para nós, digamos desde logo, a atual encenação nos parece um pouco carregada de apelações cômicas, como um cozinheiro que carregasse nos temperos tornando o prato um tanto indigesto. Osmar, porem, sabe o paladar e a capacidade digestiva do público do TPS e acreditamos que *Caiu o Ministério* terá longa carreira, transformando-se num dos maiores sucessos do SESI.

A escolha da peça não poderia ter sido mais feliz, pois está entre as melhores comédias de França Júnior. A sua estrutura cênica garante um bom rendimento, o desfile de personagens, todas numa linha intensamente satírica, mantém o interesse e a comicidade. Apesar do texto ter quase um século de existência, pois estreou em 1882, muito da critica de costumes e da sátira política permanece valido até hoje. A liberdade adotada pelo diretor, de modernizar alguns diálogos, principalmente com a substituição de termos de gíria, torna o texto ainda bastante comunicativo para uma platéia atual.

A direção de Osmar Rodrigues Cruz enriqueceu o espetáculo com musica e coreografia, o que, com a concepção geral na linha da farsa, resulta numa encenação alegre e divertida. Como dissemos, há um certo exagero no caricato e nesse sentido, o segundo ato nos parece o mais excessivo, em que nenhum personagem em momento algum nos permite ter um gesto mais natural. A substituição do ator Tony Ramos, por motivo de doença, pelo ator Gibe, de características circenses, torna menos aceitável a solução final, e que num certo sentido deveria ser romântica, já da por si, por suas características de "deus ex-machina" uma solução artificialmente pouco verossímil.

Os cenários de Tullio Costa, no estilo teatralista, são o complemento à linha farsesca da direção, do mesmo modo que os figurinos de Ninettte Van Vuchehllen (com exceção da incrível capa lilás do senador) e a musica de Ibanez Filho.

O elenco todo responde ao que foi solicitado pela direção, usando inclusive de uma certa liberdade na caricatura, sempre difícil para os nossos atores. Naturalmente a experiência de Cláudio Correia e Castro lhe permite se destacar, com um á vontade que valoriza o tipo de ineficiente presidente do Conselho. Mas todos parecem representar com alegria, como se estivessem se divertindo, que se transmite ao espectador.

Nota - A crítica *Experiência gratuita* publicada em nossa edição de ontem, é de autoria de Clóvis Garcia.

Uma Oportunidade para Rir sem Compromisso

OESP
28 de março de 1973

O fenômeno teatral em que se constituiu a montagem no Rio, de *A Gaiola das Loucas*, atingindo a incrível cifra de mais de 400 mil espectadores (incrível para o nosso teatro naturalmente) está arriscando a se repetir em São Paulo, por mais que sejam diferentes as platéias carioca e paulista: um grande público lotou o teatro aquarius na estreia e riu o tempo todo. E aqui esta a primeira explicação para o sucesso da encenação: o espetáculo é engraçado, sendo ma sucessão de piadas que mantém o público em permanente estado de graça, o que não é pouco nestes tempos difíceis. Outro motivo será a interpretação dos principais atores, especialmente Jorge Doria e Carvalhinho. Poderíamos aprofundar os motivos mas esses nos parecem suficientes.

De fato, a montagem é um espetáculo de atores, ficando em segundo plano a direção, o texto, a cenografia, elementos que nos últimos tempos tomaram a posição proeminente nas encenações. Voltamos, em certo sentido, ao antigo teatro brasileiro da comedia de costumes em que o interprete era o centro de interesse e de atração para o público. Nesse sentido nenhuma restrição a fazer. Jorge Doria, que conhecemos desde os tempos da Cia Eva Todos, tem talvez o melhor trabalho de sua carreira construindo um personagem em todos os seus aspectos, além mesmo com uma transformação física(quem o conhece de *A grande família*) da televisão, dificilmente o identificará) Entregando-se sem nenhum bloqueio, o que é a primeira qualidade de um ator, q a um personagem que poderia parecer ridículo, chega a lhe dar uma dimensão humana num espetáculo em que tudo é exageradamente cômico. Carvalhinho faz a dupla com um sentido de palco, de oportunidade, que o torna responsável pela maioria das continuas gargalhadas. Kleber Afonso, que já fizera um papel semelhante, ainda que com outra conotação, explora com comicidade acertada todas as intervenções tempestuosas de "Mercedes". Os demais, com participação menor, colaboraram dentro da linha caricatural da encenação, sendo que Márcio de Luca, tendo de se comportar de uma maneira "normal"! fica parecendo desajustado ao clima geral do espetáculo.

Numa peça que se passa num ambiente de travestis, os papeis femininos tem menor oportunidade. Assim mesmo, Maria vasco, como sempre, faz bem o que tem a fazer, lamentando-se, apenas, que o nosso teatro não saiba aproveitar melhor o seu talento. Suzy Arruda garante, com a sua experiência, um papel que é o contraponto natural e Marisa Policastro enfeita o palco já que nada lhe foi dado, pela peça ou pelo diretor, a interpretar.

A cenografia de Colmar Diniz marca bem o ambiente "gay" do primeiro ato e acentua como era necessário modificação dos segundo. Quanto aos figurinos, estão suficientemente providos de plumas e paetês, como era de se esperar .João Bittencourt, na direção, deixou os atores principais com a necessária liberdade para improvisar (e a peça já se transformou totalmente pelos cacos) o que poderá ter o risco de prejudicar o ritmo. Mas depois de dois anos de espetáculo e considerando que ele repousa nos dois atores principais, não há risco nenhum.

Resta o texto, que não tem a menor importância, lamentando-se apenas que, ainda, como fazia o nosso teatro de revista, o homossexualismo seja apenas motivo grotesco de risada para satisfação do nosso machismo.. No mais quem gosta de rir sem compromisso, mesmo a custa de um problema serio, tem nesse espetáculo a sua grande oportunidade.

Uma Fabula Poética

OESP
18 de abril de 1973

Uma sociedade estruturada desconfia de um outro grupamento oficial, de idéias diferentes, que pode ameaçar suas normas e valores. Um grupo já organizado recebe a visita de um elemento estanho, representativo de outra ideologia, pregando idéias novas e possivelmente revolucionárias; o grupo reage ou pela sua liderança ou pelo movimento coletivo, destruindo o inovador que ameaça a ordem estabelecida. São situações típicas, que qualquer manual de sociologia, ou mesmo de dinâmica de grupo, apresente para estudo, servindo mesmo para experiências limitadas. Como tema para o teatro, esses dados podem ser aproveitados pela dramaticidade do conflito, desde que se lhe dê uma amplitude universal ou uma dimensão poética. Foi o que Hilda Hilst fez em *O Verdugo*, colocando lado a lado dois grupos sociais, diferentes da sua estrutura e ideologia, sendo que o líder de um deles invade o outro para pregar suas idéias, convencido da sua superioridade (o que seria discutível) sendo destituído juntamente com o único membro que o aceitou, não pelas suas palavras, mas porque o missionário lhe parecia um bom homem. Naturalmente sendo um poeta, o enfoque de Hilda Hilst é o poético, o que dá à peça qualidade literária sem prejudicar suas possibilidades de encenação.

O texto de *O Verdugo* teria dois prejuízos iniciais: ganhou o prêmio Anchieta de 1969, da comissão Estadual de Teatro, o que parece ser um estigma pois dificilmente as peças premiadas nesse concurso são encenadas e o teatro de Hilda Hilst tende para o hermético, como uma poesia. Entretanto, talvez pelo tema adotado, *O Verdugo* não tem aquela incomunicabilidade característica das incursões dos poetas no campo teatral. A maior parte da peça, sem perder sua qualidade poética, é de fácil assimilação e funciona dramaticamente. Naturalmente alguns cortes seriam necessários, pelas repetições excessivas de algumas cenas, como a da defesa feita pelo verdugo, enfrentando o povo. Por outro lado, o acréscimo ao texto original da autora alongou desnecessariamente a peça, constituindo exatamente a parte de menor comunicação, ainda que a beleza dos verbos sejam um elemento positivo.

A direção de Rofran Fernandes procurou a teatralidade talvez para compensar ao que houvesse de menos dramático num texto poético. Alguns momentos atingem um nível plástico bastante belo, especialmente as cenas e a coreografia dos "coiotes", apesar da indefectível luz negra. O cerimonial rígido do povo do vale revela um grupo já excessivamente estruturado, e portanto incapaz de desempenhar o papel de inovador diante da comunidade urbana, o que tira força ao conflito, mas permite um bom rendimento em termos de espetáculo.

O elenco, um tanto heterogêneo, rende ceticamente pela direção que procurou equilibrar as interpretações, muitas vezes socorrendo-se de uma intensa movimentação, Rofran Fernandes tem a figura e transmite a imagem do líder messiânico, predestinado ao martírio. Geraldo d'El Rey define a figura do homem em choque com a sua função de verdugo e que por isso é o primeiro a aceitar o pregador. Apenas, pelo menos da distancia em que estávamos, não cuidou de envelhecer o seu tipo, parecendo tão jovem como seu filho, o futuro convertido. Lourdes Morais aproveita a força de sua voz grave e compõe a figura da mulher imediatista e mesquinha. Maria Vasco, formada na ultima turma da EAD, é mais um elemento promissor do nosso teatro. Os demais desincumbem-se bem dos de seus papeis, sem nenhuma nota destoante.

A concepção do espaço cênico e especialmente os figurinos de José Tarcísio são elementos que valorizam o espetáculo. Um destaque especial merece a coreografia (de Paula Martins; o programa não esclarece), responsável por alguns momentos de grande beleza. Enfim um espetáculo que, com alguns cortes e ajustamentos, apresenta um bom rendimento cênico.

Collage não Mede Valor de Albertazzi

OESP
10 de julho de 1973

A Companhia Teatral Italiana Prociemer-Albertazzi, liderada pelos dois atores que estiveram em São Paulo em 1955, com grande sucesso, veio sob o patrocínio do governo italiano de cultura, para uma a curta temporada no Brasil, trazendo como espetáculo fundamental a encenação de *Pilato Sempre*, complementada por uma apresentação de uma espécie de antologia de textos, sem maiores ambições. Infelizmente, a proibição pela censura do espetáculo principal nos permitiu ver apenas o complemento.

Segundo as informações vindas da Europa, *Pilato Sempre* é um espetáculo experimental de grande importância, tendo sido recebido com restrições apenas pela critica de esquerda, pois coloca em oposição a revolução socialista a reforma interior do homem como o melhor caminho para a solução dos problemas sociais. Naturalmente, os marxistas não poderiam aceitar essa tese, como não a aceitou a nossa censura.

De qualquer modo, tratando-se de uma temporada estrangeira, e considerando a repercussão de um a proibição como essa para o bem nome do Brasil na Europa, que o Governo graças ao sucesso econômico vem mantendo, a decisão mais acertada teria sido liberar o espetáculo, restrito a duas apresentações em língua estrangeira no teatro municipal, a Cr$ 70,00 a entrada, e que limita o público espectador. Sem entrar no mérito do espetáculo, que não vimos, seria uma medida criteriosa pesar as conseqüências de proibição ou de liberação da montagem.

Collage Número 5 não pode dar a medida do valor da companhia e da concepção de teatro dos seus responsáveis. Teria sentido para quem tivesse acompanhado todo o repertório do conjunto, e fosse como uma espécie de avaliação periódica. Assim isolada não tem maior interesse, e não se justifica nem mesmo como complemento de uma temporada prevista com apenas duas encenações;. Afinal, um a antologia de textos poéticos e dramáticos tem sempre o insuportável sabor de festinha de fim de ano.

No caso, os autores escolhidos são de alta qualidade artística, mas um trecho do *Hamlet* de Shakespeare, um canto da *Divina Comedia* de Dante ou um *Racconto* de Borges, apresentados numa sucessão de cenas sem qualquer ligação, possui características apenas didáticas, quase como uma aula ilustrada. Convenhamos que é pouco para uma excursão de uma companhia italiana, que conquistou merecida fama com seu repertório de alto nível, e apresentada a preços elevados. Teria sido preferível, já que houve o incidente com a censura, cancelar a temporada.

Apresar de tudo, restou o talento de Giorgio Albertazzi, mais conhecido pelo público jovem(os mais maduros devem se lembrar de sua primeira excursão a São Paulo, no antigo Teatro Santana) pela sua extraordinária participação no filme de Resnais, *O Ano Passado em Marienbad* e a sensibilidade de Anna Prociemer, especialmente no indefectível ato único de Cocteau, *A Voz Humana*. Os demais interpretes da companhia tiveram apenas participações incidentais, quando não apenas a apresentação inicial feita por Albertazzi, explicando os personagens que lhes cabia em *Pilato Sempre*.

De tudo resultou apenas a vontade de assistir realmente uma encenação da companhia e o desserviço prestado ao bom nome ao Brasil.

Espetáculo Desigual, Cheio de Intenções

OESP
04 de agosto de 1973

Um dos malefícios das limitações impostas à criação artística está em que as obras passam a ser julgadas pelo que poderiam ser e não pelo que apresentam de real, sendo as intenções valorizadas, transferindo-se o valor para a realização insatisfatória. Gianfrancesco Guarnieri está com duas obras em cartaz que sofrem desse processo em que as especulações sobre o que se pretendiam dizer parece sobrepor-se ao resultado obtido. Claro que o problema é o mais importante para o desenvolvimento do nosso teatro mas nos limites de uma critica cabe apenas o exame do espetáculo como foi apresentado.

Com essa ressalva, a peça encenada no teatro Anchieta para uma curta temporada não chega ao nível de outras obras do autor. Iniciando-se em termos de realismo, quase como uma volta à origens, o que seria uma forma eficiente para transmitir os contornos do teatro pretendido, o texto descamba para um sentido alegórico, com situações personagens, problemática e diálogos que pretendem ser simbólicos. O resultado é um excesso de elementos diferenciados, sem unidade, deixando o espectador perdido nos meandros das intenções e subentendido. Pelo acumulo das explicações secundarias, de cenas e personagens de uma simbologia obvia, a peça não se completa como um texto de força dramática.

A direção poderia ter superado essa deficiência, dando unidade ao espetáculo, se houvesse uma concepção previa em termos de garantir uma coerência cênica. Entretanto, também a direção acumulou "achados" e diferentes formas der expressão, agravando os defeitos do texto. Exemplo típico é o excelente cenário de Arlindo Rodriguez, tomado isoladamente, mas que serve à peça apenas nos momentos iniciais. Realizado em estilo realista, chegando ao naturalismo dos detalhes em que não falta nem a poeira dos lustres ou a água da pia (com ressalva ao teatralismo dos tijolos pintados na parede), o cenário seria perfeito para um espetáculo que obedecesse ao realismo cênico. Mas quando o espetáculo se transforma numa alegoria, o tratamento do espaço cênico deixa de funcionar, nem mesmo por contraste, contribuindo para o desequilíbrio da montagem, falha atribuível menos ao cenógrafo que ao diretor, responsável pela coerência interna da encenação.

Também o elenco é irregular, não somente pela falta de definição do espetáculo, como pela diferença de valores individuais. Marlene, que não conhecíamos como atriz dramática, revela uma grande personalidade e presença cênicas, com um grande poder de comunicação. Apenas, o que surpreende numa cantora (talvez explicável pelo vicio do microfone) a emissão da sua voz deixa a desejar, falhando em momentos de maior tensão dramática. Oswaldo Louzada, não obstante alguns tipos convencionais, com uma grande tarimba de palco dá uma dimensão humana ao personagem, que poderia ser apenas característico. Ivan Cândido, também não tem problemas, pela sua experiência, num papel contraditoriamente definido, que se perde na desestrutura geral. Já Isolda Cresta consegue valorizar um tipo que corria de ser apenas uma mascara caricata, inclusive com um toque de humanismo. Jorge Chaia luta o tempo todo com o personagem, mais artificialmente construído, com uma verborragia insuportável. O casal Jovem, formado por Vera Lúcia Lima e Nivaldo Mattos, é inexpressivo, mas delineado dramaticamente e ainda definitivamente insatisfatório, em termos cênicos, pela deficiência dos interpretes.

Os figurinos também ficam na indefinição entre o simbolismo e o realista. A sonoplastia de Aylton Escobar funciona desigualmente, nem sempre muito precisa nas intenções, especialmente os trovões que parecem pretender simular tiros de metralhadora.

De todo o espetáculo, como o único elemento realmente denso e capaz de comunicação, ressalta a musica de Toquinho, que parece indicar se não teria sido melhor a realização da proposta original de um espetáculo musical sobre o samba e suas tendências.

A Peça se Perde pelo Barroquismo
OESP
30 de outubro de 1973

Como expressão do espirito polivalente de Boris Vian, que no seu curto período de vida (morreu em 1959, com 39 anos) se dedicou a um sem-número de atividades artísticas com brilhantismo, as peças desse autor francês permitem varias interpretações, com uma riqueza de elementos simbólico-dramáticos a atrair a criatividade dos encenadores. Assim, sua primeira peça, *L'Equarrissage Pour Tous*, tanto pode ser entendida como uma sátira a Resistência como uma critica aos aproveitadores desse movimento. *Os construtores de Império* sua obra mais conhecida (A escola de Arte Dramática a encenou em 1963), quatro anos depois de sus estréia póstuma em paris) é interpretada usualmente como a parábola da fuga e tentativa de desconhecimento do homem com relação à Morte. Essa concepção se baseia num possível elemento auto biográfico, já que Boris Vian, como é sabido, sofria de uma doença cardíaca ameaçando constantemente sua vida e que determinaria sua morte numa situação de humor-negro, digna de sua obra.

Por outro lado, a peça pode ser entendida como uma visão satírica da desagregação do grupo pequeno-burguês, sempre fingindo esquecer a situação anterior e representando estar satisfeito com cada estagio do caminho inexorável para a destruição final. Sob esse aspecto, o texto seria uma sátira social, numa simbologia precisa e contundente. Mas, ainda, a peça pode ser tomada numa visão mais ampla, como o drama, sob a forma de humor negro, característico do autor, da omissão "fechar os olhos ante a evidencia é método que nunca deu resultado" serve como lição para todos os momentos da vida ou situações sociais, em que nos omitimos em nome de uma prudência ou conformismo, sem evitar e até apressando a catástrofe. Nesse sentido, a figura do "schmuz" é o próprio símbolo de nossa consciência, que nos acusa silenciosamente de omissos e que precisa ser sufocada e agredida.

A proposta do teatro Macário, novo grupo que se apresenta desvinculado de qualquer compromisso comercial, se ateve à segunda interpretação. Entretanto o espetáculo que estreou no contexto das atividades da Bienal, dando a impressão de não estar pronto como a estréia de qualquer companhia profissional presa a compromissos rígidos, não chega a atingir os objetivos da proposição, explicitados no texto de Alberto Guzik, distribuído ao público. Um excesso de barroquismo, se me perdoa a redundância, prejudica a transmissão do texto. Tem-se a impressão, em certos momentos, de que se trata de uma parodia de espetáculos experimentais, com o acumulo de soluções, já excessivamente utilizados, o recurso ao cinema mudo, a quebrado ritmo pela fala, a câmara lenta, o destaque de personagens no primeiro plano, estáticos e se dirigindo ao público diretamente e assim por diante. O lixo amontoado no cenário (que parece ser outra moda pois este mês é o quarto espetáculos que assistimos com esse recurso cenografia, demais obvio para ter valor simbólico) passa a ser uma representação visual do entulho de recursos cênicos, a exigir uma boa limpeza para que a peça, no interpretação proposta, transmitir-se ao público. Quanto são apelo a Genet, na figura da criada, tira qualquer força na sua representação de uma classe não conivente e que por isso se salva.

O elenco com uma colocação de voz inadequada ao local, perdendo a comunicação da maioria do texto, não tem a preparação suficiente para a estilização farsesca, muito mais difícil do que parece e que exige grande domínio de expressão corporal. O resultado é um ritmo arrastado (e não intencionalmente lento), uma dificuldade de se entender as falas, uma predominância de detalhes e cenas isoladas sobre o todo. Se houve a intenção do distanciamento brechtiniano (o que seria um elemento híbrido a mais), essa foi conseguida: apesar do espetáculo se realizar numa pequena sala, tem-se a impressão de que se está a dez quilômetros de distância da encenação. Esperamos que o grupo, composto de tanta gente culta, inteligente e competente, supere o equivoco desse primeiro espetáculo.

Na Peça, um Excesso de Ensaios Mal Aproveitados

OESP
19 de abril de 1975

Em arte, os dísticos não tem importância, pois a criatividade é livre. Entretanto os nomes de certas correntes correspondem a conceitos que por sua vez determinam princípios. Por isso mesmo as escolas artísticas se constituem a partir de novas experiências e se estruturam dentro de um sistema de princípios, que serão contestados por outros inovadores(ainda que na maioria dos casos não seja mais o retorno a experiências anteriores).Assim, não se pode confundir realismo fantástico com surrealismo, ou "science fantasy" com o gótico, ou mesmo o "gran-guignol!" é claro que se pode aproveitar elementos g concepções, mas dentro de um plano definido, sob a pena de estabelecer uma tal confusão incapaz de transmitir qualquer coisa ao incauto espectador.

O espetáculo de teatro 13 de maio, *Daniel, Daniel... meu século*, se transmite alguma coisa é exatamente essa idéia de confusão total. Não conhecendo o texto original, não sabemos a quem atribuir a mistura, que nunca chega a ser uma combinação se ao autor ou ao diretor.. A peça parte de uma situação que, se não e original, poderia resultar num texto interessante: o conflito do artista que quer se realizar mas se perde na produção comercial, no caso retratos de senhoras ricas

A impressão que se tem é que a peça pareceu muito curta e então foi recheada de cenas disparatadas, a pretexto de um realismo interior, dos personagens, quase sempre gratuitas e sem qualquer relação simbólica. Tudo que poderia ocorrer ao autor (ou ao diretor?) foi apresentado, só faltando mesmo a "pia da cozinha" para lembrar a velha pia da critica norte-americana.

No primeiro momento, a concepção do espaço cênico em forma panorâmica e cena aberta com o cenário todo branco de linha expressionista e decoração surrealista, chega a impressionar favoravelmente, mas um exame mais detido já demonstra o obvio dos elementos decorativos e sua falta de integração, parecendo ter sido escolhido ao acaso ou seguindo a inspiração do momento. Da mesma forma, todas as cenas não realistas, que surgem dos buracos do cenário, não tem sentido mais integrado, parecendo uma mistura de experiências já realizadas por outros encenadores, mal dirigida e produzidas Emilio Fontana, formado numa das primeiras turmas da escola de arte dramática, já realizou trabalhos teatrais de interesse e nos lembramos de sua atuação no Pequeno teatro Popular. Afastado há muito tempo da direção, cuidando de cursos, vejo demonstrar que um diretor não, pode ficar ausente da realização de espetáculos.

De fato, o que nos pareceu principalmente na encenação foi que se tratava de uma sucessão de "laboratórios" realizados em aulas, apresentados ao público, o que é muito diferente de uma obra acabada. Como tal, o espetáculo fica aquém do nível de uma comunicação com o espectador, já que não é possível transmitir o que ainda não esta suficientemente acabado.

No meio dessa confusão toda, é difícil falar no trabalho dos atores. Bene Silva e especialmente Carlinhos Silveira, quando não estão numa dispensável demonstração de habilidades acrobáticas, tentam e conseguem em alguns momentos realizar um personagem. As intervenções de Isadora de Faria lembram sempre que é bem uma prova de nossa crise teatral o fato de o seu talento e a sua beleza ainda não terem sido devidamente aproveitados na total balbúrdia do espetáculo. No final, fica a duvida para o crítico: porque ase gastou tanto dinheiro (somente os figurinos, numa grande variedade, devem ter custado muito para apresentar um espetáculo desse tipo, que representa um desserviço ao nosso teatro? Duvida que, se esclarecida, esclareceria muitos dos motivos da nossa propalada crise teatral.

Convence o Espetáculo de Cordel

OESP
25 de abril de 1975

A encenação pelo teatro aplicado de *Lampião no Inferno* inspirado em textos da literatura de cordel e musica popular nordestina, já tem uma qualidade inicial: a de dotar São Paulo de um novo teatro ainda não inteiramente terminado mas permitindo o inicio das atividades.

Quando essas casas de espetáculo são demolidas pelo poder público sem substituição, ainda é a iniciativa popular que vem suprir a lacuna, No caso, o fato de se sItuar ao lado do antigo teatro Cacilda Becker, que a federação paulista de futebol fechou e cuja placa salva dos entulhos, serve de decoração ao novo teatro, é um elemento a mais de tristeza e ao mesmo tempo de satisfação pela continuidade teatral no mesmo ponto.

O teatro esta descobrindo uma nova fonte de inspiração na temática de cordel, expressão de cultura popular no nordeste brasileiro. Se não nos enganamos, este e o terceiro espetáculo apresentado em são Paulo aproveitando a historias e versos da tradição popular nordestina, com toda a sua graça espontânea, a sua liberdade de critica, a linguagem livre e pitoresca, a familiaridade com 0 religioso (típico de uma fé autentica e pura), a mistura de assuntos tradicionais, místicos, históricos e da atualidade. O risco que um espetáculo desse tipo poderia correr, seria a sua não comunicação com a platéia sulista, de outra formação.

Entretanto, a superar as dificuldades de uma base cultural diferente, o que se tem visto é que as raízes populares brasileiras, comuns apesar de tudo, superam as diferenças de linguagem e tradição. O público paulista tem recebido bem e se diverte com a aparente ingenuidade da temática nordestina, sem perder o que possa haver de mais profundo nas intenções satíricas. Grande parte desse efeito decorrer a da forma de encenação e da qualidade dos atores.

Nesse sentido, não se pode pedir mais do que está sendo apresentado em *Lampião no inferno*. A direção de Luiz Mendonça, diretor carioca premiado com o "Moliere", mantém um ritmo intenso, com uma sucessão de cenas movimentadas, entremeadas de musicas e danças características desfilando os vários ritmos do nordeste, como xaxado, baião, frevo. Iniciando com uma parte musical, a que não falta o desafio, o espetáculo coloca imediatamente o público no clima necessário. No texto, de Jairo Lima, a compilação dos versos populares mistura referencias históricas ao metro, possivelmente com a colaboração espontânea dos atores, com um resultado excelente.

Mas, talvez, o mais importante seja a força cênica dos interpretes numa contagiaste representação da graça popular. Todos cantam, dançam, representam e dizem o texto como se estivessem improvisando.

Trabalhando como uma unidade, nãos seria justo destacar alguém do elenco, mas nãos e pode deixar de lembrar a voz de Vania Alves e sua expressão corporal, e o "à vontade" de Walter Breda no papel de lampião, quase num distanciamento brechtiniano, que torna mais acessíveis todas as aventuras do cangaceiro no outro mundo, especialmente no absurdo inferno em crise, à compreensão do público. Todos, porem, estão excelentes, contribuindo para alegria do espetáculo. A concepção dos espaço cênico, adaptado às condições do teatro, com apliques e acessórios imaginosos, a que não falta um tom irônico, de José Tarcísio, a participação dos músicos, a coreografia, são outros elementos que permitem recomendação espetáculo a todos que se interessem por cultura popular, ou simplesmente queiram se divertir.

Simbologia amplia dimensão de *Equus*

OESP
30 de abril de 1975

A primeira condição para reconhecer as qualidades de "Equus" é não permitir o equivoco de se pensar que se trata de uma peça psicológica. Sem dúvida, partindo de um acontecimento real, Peter Shaffer faz o drama se desenvolver basicamente num hospital, mas precisamente no consultório do médico psiquiatra, que é o produtor da ação. O próprio espaço cênico é ordenado na forma indicada por Moreno para o psicodrama terapêutico, e as teorias freudianas são postas em cheque, com base em novas concepções psicológicas. Entretanto, se ficar apenas nesse aspecto, a peça parecerá muito simplista: qualquer pessoa acostumada à terapia "adivinhará", logo no principio, os motivos imediatos que levaram o adolescente a cegar os cavalos, também estes de uma simbologia bastante obvia. Nesse sentido a peça não valeria mais que a superficial colocação dos filmes americanos que tratam dos desajustes psíquicos, com explicações convencionais. Alias, o texto, no final, se aproxima perigosamente desse tipo de colocação, ainda que, questione a validade da interferência da psiquiatria para obter uma normalidade duvidosa, de difícil definição.

O que uma dimensão maior ao texto do dramaturgo inglês, é o seu sentido simbólico, da oposição entre as turmas de comportamento social, especialmente numa sociedade desumanizada e mecanicista, e o sentido de liberdade, de criação, *"Paixão, sabe, pode ser destruída por um medico, Ela não pode ser criada"*, exclama o Dr Dysart no final. O irremediável bloqueio da criatividade feito com as melhores das intenções é uma característica não somente do tradicional processo de educação como da estrutura. A compreensão e consciência atuação castradora, que leva ao desajuste e desequilíbrio, não é fácil. "Não fizemos nada errado. Amávamos Alan" afirma a mãe ao responsabilizar o filho. Mas não basta o não fazer nada errado, pois o problema é mais amplo e envolve todo o sistema. Por outro lado, a necessidade de crença, do ritual, deficiências do homem moderno, é negada de tal maneira, que o seu exercício tem que ser uma coisa secreta, vergonhosa, tão censurada que é necessário cegar o próprio deus para poder sobreviver.

A encenação do texto, sucesso atualmente em Nova York, como foi em Londres, apresenta uma enorme dificuldade para que o sentido simbólico não seja prejudicado nas soluções fáceis. Assim os cavalos não devem ser caracterizados como animais, mas apenas marcados pela expressividade das máscaras. A direção de Celso Nunes atende exatamente a essa exigência da peça, tendo o mérito da simplicidade de psicodrama apresentado publicamente. Nos momentos necessários, porem, a inventividade característica do diretor cria cenas de grande força, como a que nos parece ser o ponto culminante do espetáculo, o maravilhoso carrossel do sim do primeiro ato. A eliminação das cercas, indicadas no texto com a descrição da primeira montagem de John Dexter, permitiu o recurso das corridas puxadas pelos cavalos para movimentar e fazer girar o tablado, num efeito de resultado excelente. Se alguma restrição se poderia fazer à direção, seria o fato de no final, quando o texto, a nosso ver, é menos feliz, não ter evitado um certo tom melodramático que acentua e não desfaça a obviedade das conclusões.

Paulo Autran faz o psiquiatra com a simplicidade exigida, sabendo dosar, quando o conflito atinge pessoalmente o medico, o dualismo em que o personagem é colocado. Ele conduz, com sua indiscutível autoridade cênica e seu imenso talento, todo o espetáculo. Ewerton de Castro, um dos poucos de nossos atores capaz de fazer um adolescente, tem uma de suas melhores interpretações no jovem Alan, expressando toda a complexa personalidade e os conflitos em que está mergulhado o personagem. Regina Braga, Antonio Petrin, Sonia Guedes, que aparentava nervosismo, mas teve uma grande cena na explosão com o médico, Abrahão Farc e os demais completam bem o elenco suporte. Excelentes máscaras de Marcos Flasksman.

Peça Recria Tom Satírico do Circo

OESP
05 de junho de 1975

A expressão "teatro popular" tem sido usada com o mais diferentes sentidos: um teatro de temas populares, ou temas sociais, um teatro acessível a camadas de baixa renda, teatro aculturativo etc., etc, Muito já se escreveu no sentido de definir o que seja teatro popular, cada estudiosa, produtor, diretor, autor, tomando a denominação de acordo coma sua própria concepção de teatro, de mistura com idéias políticas, sociais e culturais.

O Circo Teatro de Cordel faz um teatro popular no sentido mais literal possível. Instalado numa espécie de circo, de teto de zinco, pareces recobertas de estopa, chão de terra, de cadeiras de armar, um palco italiano e uma arena em forma de picadeiro, tem a pobreza dos teatros populares ao longo da historia, que as gravuras nos mostram, sejam as companhias ambulantes da "commedia dell'arte" sejam os "foraisn" da feira de Saint Germain e Pont Neuf, ou, ainda, aquela deliciosa cena rústica que brueghel, o velho nos deixou fixada. Ao local, na linha dos nossos pobres circos do interior, se acrescentam os textos compilados ou inspirados na literatura popular, especialmente do nordeste, e uma apresentação sem formalismo, em que os atores semi maquiados se misturam com o público, os músicos procuram lugar na platéia, os últimos retoques são dados a vista dos espectadores.

Na apresentação da *Farsa com Cangaceiro, truco e padre* de Chico de Assis, temos, ao contrario do espetáculo anterior, um texto elaborado por um autor teatral sobre tema e espirito da literatura do nordeste, com sua expressão popular. Como tal, a peça deixando de ser autentica, já exigiria uma estrutura dramática mais formal, o que é a sua principal deficiência. Entretanto, o dialogo cômico e o sentido satírico, Os subentendidos e as confusões, tipicamente populares, são qualidades que suprem aquela falha. Servindo como um roteiro(uma espécie de "soggeto") o texto permite toda a espécie de improvisação por parte dos atores.

Foi o que compreendeu Sofredini, na direção, dando ao espetáculo as características do nosso circo, entremeando as cenas da peça com números circenses alguns autênticos outros como parodia. Aliás o maior acerto foi não pretender reproduzir um circo (pois para isso seria melhor que o público fosse ver um verdadeiro) mas o tom satírico, como que uma caricatura do espetáculo circense. Apenas a apresentação esta excessivamente longa, necessitando alguns cortes e evitar ao repetitivo, pois certos "golpes" como os incidentes entre os atores, funcionam a primeira vez, perdendo a graça quando se tornam rotineiros.

O elenco compreendeu o sentido do espetáculo, representado com uma "garra" comunicativa, revelando grandes capacidade de improvisação. Assim, seria quase injusto destacar nomes, mas é preciso ressaltar o talento cômico, numa l9nha popular, de Jair de Souza, no difícil papel do mentiroso trapalhão, esperto e ingênuo ao mesmo tempo, mas que no final, encontra as soluções para os problemas sociais. também a capacidade imitava de Lilita de Oliveira fica evidenciada. Mas todos, Henrique Lisboa, Renato Bruno, Noemi Gerbeli, a graça de Goiabinha, a característica circense de Rene Mauro, Cilas Gregorio, Vic Militelo e Artelino Macedo, contribuem par um espetáculo que parece espontâneo, mas cuja maior qualidade é o espírito satírico.

Pastoril Recriado com deformações.

OESP
16 de setembro de 1975

O *Auto Pastoril* do folclore nordestino tem raízes das mais antigas das nossas tradições populares. Já na estruturação do drama litúrgico francês do ciclo de Natal no século XII, as cenas dos pastores tomaram um destaque com musica e dança, registradas na iconografia. A forma de auto, típica do teatro espanhol, com características pastoris, passou para Portugal, tendo Gil Vicente se dedicado ao gênero como a montagem em Évora no Natal de 1523. O nordeste brasileiro recebeu a tradição portuguesa, mantendo por muito tempo as características de drama religioso, encenado popularmente no período natalino, como festejos comemorativos do nascimento do Menino Jesus, representado diante de um presépio, do que se originou a denominação de "lapinha". O nosso sincretismo incluiu figuras típicas do folclore nordestino, como o velho, o marinheiro, a cigana, com variações locais, e um destaque para as pastoras, divididas em dois grupos, o cordão encarnado, cor de Cristo, e o cordão azul, de Nossa Senhora, rivalizando-se nos contos, nas danças e até no leilão de flores e prendas.

O pastoril modificou-se, saindo do tablado para desfiles nas ruas, estendo-se do período natalino até o carnaval. A influencia deste alterou o sentido religioso, dispensando-se o presépio e mesmo as imagens, e predominando cantos profanos. A perda do caráter sagrado transformou o pastoril quase numa revista musical popular, Mesmo assim, ou talvez por isso mesmo, o pastoril esta quase desaparecendo, perdidas suas características de devoção popular, além dos problemas de repressão.

Luís Marinho aproveitou para sua peça exatamente essa fase final decadente, opção discutível, e aproximou seus aspectos de espetáculo à revista musical, gênero tipicamente carioca e que teve seu período de maior desenvolvimento nos anos quarenta, decaindo posteriormente para quase desaparecer. Assim, sua peça é "decadentista" no sentido de que retrata duas manifestações dramáticas, tipicamente populares, na fase de decomposição. No primeiro ato (que no pastoril se chama jornada, fiel à sua origem medieval, vemos os problemas do grupo para manter sua tradição, envolvidos nas dificuldades e divergências individuais. No segundo ato assistimos do espetáculo do pastoril, já com uma linha de revista musical, ficando como fio condutor o conflito dos personagens colocado na primeira parte. Dentro da proposição do autor, a peça está resolvida satisfatoriamente mas nos perguntamos se não teria sido mais importante, especialmente para platéias sulinas, transpor em termos de teatro formal o pastoril na sua melhor fase, mais autentico, antes da contaminação e desagregação.

Para um espetáculo desse tipo, sem contar com atores tarimbados no pastoril ou na revista, o grande problema da direção é conseguir um trabalho homogêneo e que dê a impressão de espontâneo, acrescento-se a dificuldade do sotaque para atores sulinos Luís Mendonça conseguiu, em parte, superar esses obstáculos, principalmente no segundo ato em que o espetáculo obtém um dinamismo comunicativo e alegre. Há, porém, necessidade de alguns cortes, evitando o repetitivo, e um ajustamento maior do ritmo que, possivelmente, será obtido na continuação das apresentações. O que, entretanto, não foi evitado, foi o risco da vulgaridade, que não se confunde com o popular, principalmente quando se lida com o satirismo, o escatológico e o erótico, elementos sempre presentes nas manifestações folclóricas nordestinas.

O elenco entrega-se com garra ao espetáculo, João José Pompeu, ator de formação acadêmica (e ele faz referencia a isso), surpreende pelo "a vontade" na encenação do pastoril, com bastante senso cômico, Gracinda Freire segue uma linha no estilo de Dercy Gonçalves, sempre de grande efeito. É bom ver um ator tarimbado como Sadi Cabral, fazendo um papel totalmente diferente, Walter Breda, confirmando o seu "Lampião", é excelente para esse tipo de peça e Tânia Alves seria uma grande vedete, com ótima voz e presença, nos tempos da revista musical.

Apenas Pitoresco, Quase Turistico, o Musical Cearense.

OESP
12 de março de 1976

O Morro do Ouro, segundo o noticiário promocional do espetáculo, era um lugar de periferia de fortaleza, deposito de lixo, onde vivia uma população marginalizada, retirando parte de sua subsistência dos detritos ali acumulados. Por ocasião da montagem da peça, há quinze anos, o problema foi objeto de discussão, obrigando a prefeitura local a tomar medidas saneadoras, inclusive construindo um grupo escolar que adotou o nome de o autor do texto, causador da renovação. Assim, sem duvida, o teatro mais uma vez exerceu a função altamente social de levantar os problemas da comunidade e suscitar o debate e a solução. Até aí, tudo bem. Entretanto, a montagem ora apresentada em S.Paulo, sem duvida um espetáculo interessante e agradável, transformando o texto num musical, não faz prever aquela repercussão, perdendo o aspecto de denuncia social para se transformar numa visão pitoresca e turística da vida popular nordestina.

Naturalmente, o tempo decorrido e a transferencia para o sul, que desconhece o problema, não permitiria uma montagem realista de fiel à primeira concepção do texto. Mas a acentuação do aspecto musical na encenação descaracteriza ao sentido social, dando-nos a impressão de que aquela comunidade, apesar das dificuldades econômicas, vive se divertindo, cantando e dançando. Na verdade são marginalizadas, vivendo de expedientes, como o agenciador do jogo de bicho, o aleijado com sua mulher gravida pedindo esmolas, a prostituta, e o de melhor condição, o dono de um boteco que só vende cachaça. São personagens típicos, encontrados em qualquer população cadenciada, vivendo em cortiços. O pouco da critica que sobrou é bastante tênue, como a presença das senhoras fazendo assistência social (por sinal, que três, lembrando as grã-finas de *Boca de Ouro* de Nelson Rodrigues no numero e na atuação) ou a participação violenta da policia. A utilização de slides para dar um aprofundamento Ao texto, não chega a ser eficiente pela sua superficialidade (aliás, na estréia, tanto as luzes como as projeções ainda não estavam suficientemente afinadas). Da mesma maneira, o excesso de elementos mímicos, corais, efeitos plásticos, não acrescentam nada ao espetáculo, que ganharia em eficiência cênica se sofresse uma certa depuração;.

A montagem se inicia com um cantador, com musicas características, numa duração um pouco longa para os nossos ouvidos sulistas. Passando por uma movimentação coletiva e belo efeito plástico mas desnecessário, e uma cena mímica logo a seguir o espetáculo ganha um ritmo e uma vivacidade que prendem o espectador. Se nesse sentido o diretor obteve um excelente resultado é preciso reconhecer que contou com um elemento jovem (infelizmente, mais uma vez a ausência do programa não permite citar nomes) que se entregou ao espetáculo com grande garra, dando mesmo a impressão de sentir uma enorme satisfação em participar da montagem, o que sempre se comunica ao público. Finalmente, é preciso destacar o aproveitamento de elementos da cultura espontânea popular, o que parece certo como um caminho para a realização não somente de um teatro, mas de uma arte brasileira. Também não pode ser esquecido a orientação adotada pelo teatro aplicado de apoiar uma dramaturgia brasileira, de inspiração popular, que merece todo incentivo.

O Teatro Universal do Grupo Espanhol

OESP
21 de maio de 1976

As perspectivas não eram muito animadores para o crítico: escrever sobre um espetáculo de criação coletiva, portanto sem ter previamente o texto, em língua desconhecida, o catalão, que os próprios espanhóis não entendem. O que poderia ser feito, seria apenas tentar expressar o que o espectador médio teria aprendido na sua comunicação visual. Entretanto, mais uma vez, e tem sido uma constante nesse Festival de Teatro que São Paulo deve ao dinamismo de Ruth Escobar e à compreensão das Secretarias de Cultura, do Estado e do Município, a Arte Dramática se revelou possuidora de uma linguagem universal, capaz de superar as barreiras da língua, das culturas e das concepções nacionais. Se outro mérito não tivesse, o Festival valeria por confirmar essa importância do teatro na unificação dos povos.

O espetáculo do grupo catalão se impõe pela sua força criativa, pela entrega total dos atores (firmados numa excepcional treinamento físico, de incrível resistência e maleabilidade), pelo dinamismo ininterrupto das cenas, pela integração de todos os valores e pesquisas do teatro. Poucas vezes assistimos a um espetáculo tão completo, tão coeso e ao mesmo tempo tão rico de inspirações. Quando se pensa que nada mais pode aparecer, novas invenções vem manter o ritmo vital da representação.

Sem nenhum pejo, dados expressivos de várias épocas e escolas teatrais são utilizados no espetáculo. Desde o prólegi, na forma dos "forains" do séc. XVIII, continuada pelos funâmbulos do séc. XIX e pelo circo a seguir, com a mímica expressiva ilustrando a historia em quadrinhos que resume o enredo, continuando pela incorporação da "commédia dell'arte" do teatro do absurdo, do épico, da crueldade, a comedia de costumes, até às pesquisas formais do nosso tempo, sem esquecer o apelo aos mais ilustre antepassado, Aristófanes (que em "A Paz" já lançava trigo e água sobre os espectadores), o grupo catalão nos dá uma aula de como se pode fazer um teatro total, criando sobre toadas as fontes utilizadas desde que se conte com os atores intensamente preparados para qualquer tipo de encenação.

A concepção do espaço cênico é aberta, numa separação de áreas simbólicas que se confundem ao final. No palco italiano fica um teatro na melhor tradição teatralista e onde se localiza a corte, centrada na figura do rei (quase sempre um boneco imóvel), diante do povo, desconhecendo os seus problemas, limitado as suas atividades refinadas (e até Velásquez entra nesse jogo). Como símbolo de todas autocracias ainda não vimos melhor. N a platéia, em dois praticáveis, um dos quais armado em torre de canos, mas também pelos corredores e sobre poltronas, se desenrola a vida popular, com toda a sua problemática.

Talvez nunca, em sua existência, o Municipal, com todo o seu barroquismo, serviu tão bem a uma encenação sem limites entre público e representação, com os camarotes e frisas servindo também a dicotomia povo e poder. Quem se assustou com *Roda Viva* (repetindo a mesma cena de comer fígado cru) não agüentará o desenvolvimento do espetáculo: papel é jogado, cordas são passadas sobre o público, alimento é distribuído, os atores saltam sobre as poltronas. Mas a concepção é diferente do nosso antigo teatro de agressão, fruto de um Artaud mal digerido. Aqui não há desrespeito, mas incorporação do público ao espetáculo. E a historia de um bandido do século XVII passa a ser integrada e adquire conotações atuais e dimensões universais.

Encenação é Longa mais Muito Criativa

OESP
04 de junho de 1976

A figura histórica de Cyrano de Bergerac tornou-se mais conhecida, infelizmente, pela peça de Edmond Rostand, que o apresenta superficialmente como um espadachim espirituoso. Entretanto, Cyrano tece sua vida, atuação e participação nos movimentos filosóficos, científicos, políticos e literário do século XVIII de uma grande teatralidade. Foi o que pretendeu mostrar Denis Liorca, apresentando um apanhado de sua posição e atitudes numa única encenação que compreende um texto teatral de Cyrano vários trechos e adaptações de seu livro capital L'Autre Monde e termina, como não poderia deixar de ser, com a cena final da comedia heróica de Rostand: uma encenação a que não falta criatividade, com utilização de vários estilos teatrais, num palco, o uso de anacronismo para tornar simbolicamente atuais as idéias de Cyrano, mas um pouco longa e cansativa.

O século XVIII na França é um período de agitações políticas e sociais, de revoltas e greves populares, camponesas e urbanas, de consolidação do poder absoluto da monarquia, não obstante a resistência expressa em movimentos revolucionários, dos quais o mais celebre foi o da Fronde. Ao mesmo tempo, a vida intelectual conhece uma revolução cientifica, que destrói os princípios filosóficos, físicos e religiosos até então aceitos. A partir da inovação de Copérnico, Galileu, Kepler, Descartes e Pascal vão estabelecer as bases matemáticas e experimentais da física. O epicurismo e o averroismo voltam a influenciar a filosofia, além do racionalismo de Descartes. Todo esse novo pensamento vai contestar a religião dominante.

É nesse contexto que surge o movimento dos "libertinos", principalmente em torno de Gassendi, continuador de Galileu na física e influenciada pelo epicurismo na filosofia, compreendendo ainda Naudé, La Mothe Le Vayer, Lhuiler, Bernier e o próprio Cyrano. Saviano de Cyrano, que adota o Bergerac, nome das terras adquiridas por seu avô, burguês enriquecido que procura, como era moda entre os burgueses, passar por nobre comprando terras e assumindo o nome como se fosse um titulo, vai se caracterizar por uma vida de boêmia, miséria, de grande atividade intelectual, política, cheia de agitações.

Inicialmente se opondo ao Cardeal Mazarrino, passa a apoiá-lo, possivelmente influenciado pelos "libertinos" que ele admira, Naudé e Le Vayer, que pertenciam ao grupo do Cardeal, publicando o Lettre contre les frondeurs. Interessado pelo teatro, escreve uma tragédia, *A morte de Agripina* e a farsa *Le Pendant Joué* (incluída no espetáculo de Lorca), satiriza o ator Montfleury, assiste aos espetáculos

Tendo se engajado na companhia de guardas, da qual sai por ferimentos no cerco de arras, ganhou fama como esgrimista, ainda que pouco participasse de duelos(que são condenados no livro sobre a viagem à lua). Conquanto nunca tenha escrito uma palinodié como outros jovens poetas doe seu grupo numa atitude de prudência, acaba colocando-se a serviço do duque d'Aparjon e morre, depois do acidente num atentado, com sentimentos edificantes e tendo recebido os sacramentos.

Surpreendente fim para quem ficou conhecido como incrédulo, materialista e teorizador do ateísmo. De fato, no seu livro póstumo, devido a publicação de seu amigo Lebret, l"Autre Monde, que compreende Les Etats et Empires de la lune e Les Etas e Empires du Soleil, considerado o pai do gênero ficção-científica, Cyrano coloca todas as suas idéias sobre filosofia, religião, ciência, contestando a religião e proclamando um materialismo ateu.

Muitas dessas idéias são apresentadas na encenação de Liorca, além da peça Le Pendant Joué e, naturalmente, a cena final da peça de Edmond Bastand. A Viagem Á lua serve para expressar modernidade das idéias de Cyrano (que 150 anos da Revolução Francesa defendia o direito de ninguém ser preso sem um mandato regular), acentuada na encenação pelo deslocamento das cenas para o séc. XX. A direção poderia ter feito alguns cortes, de modo a tornar o espetáculo mais curto e dinâmico. Mas o jovem autor e diretor conseguiu nos dar um retrato atraente dessa figura tão teatral. Na interpretação, com os atores revezando-se em vários papeis, há a elogiável homogeneidade de um elenco que trabalha integrado. Num ou noutro personagem, há destaques, como Anne Álvaro, com uma excelente presença em "Elle", Roger Cornillac em " Cyrano" de grande força comunicativa, Remy Kirch em "Chateaufort", bastante cômico e característico, Mário Pecqueur, um divertido "Corbinelli", o próprio Llorca em "Granger"(personagem que Cyrano aproveitou para caricaturar seu professor Grangier, no Collége de Beauvais) Prévand em "Lui" e Dolores Gonzales em "Manon". Todos contribuem para o espetáculo que, além do mais, depois de se ouvir tantas línguas estranhas e duras no festival, nos dá a oportunidade de apreciar a beleza do francês.

De Shakespeare e Beckett, com Expressividade e Humor

OESP
08 de junho de 1976

A segunda apresentação da companhia Liorca-Prévand nos permite compreender melhor a proposição do conjunto, inclusive para uma maior compreensão o espetáculo. Não se trata de apresentar um teatro organizado, com um texto estruturado e um acabamento formal, mas uma espécie de "café-concerto", em que a peça ou peças servem de pretexto para o espetáculo, como um jogo cênico descontraído e, pelo menos, exteriormente espontâneo.. naturalmente, esse tipo de encenação depende em grande parte, da capacidade cênica dos atores, da sua comunicabilidade e flexível talento interpretativo. E o que, aliás, não falta nos grupo francês. Nesta montagem, com apenas o naipe masculino do conjunto, Prévand, Liorca, Remy Kirch e Mário Pecquer, os atores se revezam em vários papeis, com uma incrível maleabilidade, e, se prévand, som sua excelente voz e presença cênica se destaca, todas tem uma garra que se comunica ao público.

A primeira parte do espetáculo é uma mistura de trechos de vários autores sobre o tema das relações do senhor e do servidor e Shakesperare a Brecht, passando por Moliere, Marivaiux, Beaumarchais e pulando para Beckett e Wsesker. A escolha dos textos, fora o tema central, parece não ter tido nenhum critério especifico., dando a impressão que foram utilizados na medida em, que serviam à representação. Também não seguem qualquer ordem lógica, ou um esquema prévio, havendo uma mistura numa mesma cena, de vários autores, que são retomados quando assim for exigido pela encenação. É claro que poderíamos pensar em muitos autores, pois parece que as relações entre amo e servo sempre preocuparam os dramaturgos e citaríamos como maios antigos os momentos entre Anfitrião e Sósia, ou a gostosa farsa medieval francesa Le Garçon et L'Aveugle, que não sabemos por que não foi aproveitada pois serviria inteiramente aos objetivos do espetáculo.

O que funciona é a concepção cênica de Prévand, desde a inteligência e a expressiva colocação dos atores num ringue, colmo lutadores de boxe, a expressividade do relacionamento simbolizado pela corda, a sutil transformação dessas relações Liorca e Prévand sorteiam, a cada espetáculo, os papeis que irão representar. Na noite em que vimos, Prévand foi um amo de grande presença e Liorca um servo bem definido.

Na segunda parte textos de Voltaire foram apresentados numa forma farsesca, tomados sempre num sentido cômico, numa encenação dinâmica e diretamente aberta ao público. Felizmente não foram utilizados somente trechos da peça, pois

Voltaire, como alias Cervantes, se tivesse produzido somente sua obra teatral dificilmente seria citado na historia do teatro. Suas 27 tragédias, nem mesmo Irene que lhe valeu uma coroação publica no teátre-français, lidas hoje dificilmente justificam a admiração dos contemporâneos e a sua projeção na cultura francesa. Como já dizia Diderot, Voltaire como trágico ocupava uma posições secundarias, o que nem mesmo se poderia dizer de suas comedias. Apesar das suas contradições, não somente de atitudes(como todo o seu exterior revolucionário nunca deixou e ser monarquista e conservador) como também de argumentações panfletárias inovador, explicável no seu contexto histórico, mas hoje nos parecendo um tanto ingênua e superficial. Os atores conseguiram tornar engraçado Voltaire, o que por si já seria um "esforço louvável(e uma surpresa para o próprio autor se pudesse ver essa versão cômica) não há quem destacar entre prévand, Kirch, Cornillae e pecquer(excepcionalmente ao jogo da serpente) todos integrados ao ritmo teatral do espetáculo.

Ritual Magico do Teatro

OESP
09 de junho de 1976

Depois de Cyrano de Bergerac e Voltaire, a Companhia Liorca-Prévand nos apresenta Claudel, isto é, depois da agressiva negação do religioso, do, da sustentação de um ateísmo materialista atuante, um autor católico, preocupado com a eternidade, que não admite os tristes limites para a vida humana.

Claudel deixou uma obra extensa de poesia, ensaios, estudos críticos e religiosos, mas conhecemos melhor o seu teatro. Tendo viajado pelo mundo todo como diplomata, a influencia de outros povos e costumes aparece em sua obra (e lembremos que esteve no Brasil, com Darius Milhaud, de 1917 a 1919, tendo aqui produzido alguns de seus escritos). Convertido ao catolicismo, conversão que se inicia em 1886 e se completa em 1890, foi sempre fiel a sua fé e sai produção está estruturada na sua ideologia cristã.

Como teatrólogo, Claudel foi um inovador e por isso muitas de suas peças tiveram que esperar a renovação das formas de espetáculo para que pudessem ser montadas. Assim foi com Le Livre de Christophe Colomb de 1927, que somente foi encenada por Barraulkt em 1953, um dos espetáculos mais belos que já vimos, cujas indicações já estavam no texto de Claudel. Tête d'Or pertence ao primeiro grupo de peças, ainda representativas das duvidas e perguntas do novo convertido. Tendo sido escrita em 1839, inicia a dramaturgia claudeliana, impressionado o autor, como então Debussy, pelo teatro anamita, o que explica os elementos exóticos da peça, tão bem aproveitados na versão de Denis Llorca). Colocada a questão, como centro do conflito dramático, da ambição humana pelo poder total, querendo o homem transformar-se num super-homem do como Deus,(numa renovação do pecado original, Claudel mostra a inutilidade dessa atitude, acabando o ser humano, depois de ter disseminado a violência e destruído os outros, por chegar à própria destruição. A dicotomia humana, entre os vários sentimentos e decisões é mostrada, como em outras peças de Claudel, por dois personagens que são os dois aspectos do conflito interior, Simon e Cébes. Somente a morte de Cébes permitirá a Simon Agnel transformar-se no Tête d'Or, pleno de orgulho e ambição, conquistador da coroa, para morrer só. Denis Liorca, aproveitando as duas versões da peça, assumiu Claudel ao pé da letra. Toda a primeira parte nos apresenta ao ritual magico do teatro, tão perdido ultimamente em histerismos cênicos. A utilização da musica, especialmente na forma monodica, a marcação plástica do coro, quase uma coreografia, a estilização da interpretação e marcação dos personagens, resultaram num espetáculo de grande beleza, talvez um pouco sofisticado, mas sem trair as intenções do autor. Nesse momento poderíamos pensar no cerimonial dionisíaco grego, ou nos primeiros momentos do drama litúrgico medieval, quase todo entoado em cantochão. .Na segunda parte, há o apelo ao cômico, ao farsesco, para melhor acentuar certos aspectos atuais do texto, como a afirmação do que todo poder vem do povo, feita ironicamente num regime absoluto, a parodiar as nossas ditaduras, disfarçadas em democracia (como florescimento das republicas populares, quase todas com regimes ditatoriais). Na terceira, Llorca retoma a linha ritual simbólica, para expressar a autodestruição do homem que não soube reconhecer o seu verdadeiro caminho. Comum a concepção cênica ampla e estilizada, o palco uma enorme tenda, ajudado pelos magníficos figurinos de Dominique Borg, pela atuação do elenco, no qual mais uma vez se destaca Prevand, Llorca nos deu um espetáculo de inesquecível beleza, um Claudel de intensa treatralidade.

Maranhão Traz Espetáculo de Grande Força Dramatica

OESP
02 de julho de 1976

Primeiro Pernambuco, depois o Ceará e agora o Maranhão, o teatro Aplicado vem cumprindo a tarefa que se impôs de apresentar a dramaturgia característica brasileira, com uma temática social e elementos aproveitados da cultura espontânea do nosso povo, um objetivo de grande importância mas quase heróico dentro do panorama comercial que o teatro paulista apresenta atualmente, com o público insensível a uma das funções da arte dramática, a expressão social e cultural de um povo e, possivelmente, com a indiferença oficial. Entretanto, é ali, nesse teatro inacabado e modesto, que esta o caminho possível para a evolução do nosso teatro. A não ser que a atividade teatral, capaz de atingir mais diretamente o público como comunicação grupal, se contente em permanecer caudatária dos meios de comunicação de massa, alienantes e massificantes.

O espetáculo montado pelo grupo mutirão, encenado por Aldo Leite, que depois de experiências tratarias em S. Luis fez o curso da escola de Comunicação de Artes da USP e voltou ao maranhão para continuar lá no seu estado as suas atividade cênicas, coisa rara entre o s emigrados, é antes de tudo um impacto, um soco no estômago, na nossa insensibilidade megalopolitana. Não que a problemática apresentada nãos e encontre entre nos, a poucas distancia, nas favelas, na periferia e nos cortiços, ainda que em outros contexto e forma de expressão, mas estamos distantes dela em termos de consciência. O espetáculo maranhense em, antes de tudo, essa virtude de nos jogar na cara uma realidade que se procura desconhecer. Sendo um espetáculo breve, é pouco mais de quarenta minutos de duração, sua intensidade dramática, sua força expressiva, dão ao espectador uma dimensão extensa no tempo psicológico., de grande proporção. É verdade que muita coisa acontece no pequeno momento da vida dos personagens, retratado pelos autor até mesmo um parto em termos realísticos, mas isso se deve a necessidade de apresentar, a vivência de parte de um dia, apenas, de todas as características de comportamento do grupo familiar marginalizado, surpreendido nos eu cotidiano passivo, acomodado, mal tocado pelas condições de vida sub-humanas em que vegeta.

A encenação decorre sem que uma palavra seja dita pelos personagens, ainda que todo dialogo fique subentendido. Compreendemos a reação de muitas correntes modernas de teatro ao excesso verborragia que nos veio do classicismo, eliminando a palavra., mas achamos que a linguagem oral foi uma invenção fundamental na comunicação humana. E portanto não pode ser esquecida. Entretanto, no espetáculo maranhense, não sentimos falta da palavra. Alem da apresentar gente que na sua inércia já quase perdeu o uso da fala, estamos de acordo com o diretor e autor quando esclarece quem qualquer palavra por ele colocada nos personagens resultaria a artificial e demagógica.

A linha de direção, inclusive nos detalhes de cenografia é naturalista, mas a força dramática do espetáculo se aproxima muito mais do expressionismo. A ação intencionalmente lenta dos personagens, a sucessão de atitudes quase mecânicas, a passividade diante de uma vida sem esperança, da qual apenas a filha procura fugir, primeiro pela visão de um outro mundo espelhado nos recortes, depois pelo único ato de decisão da peça escapando por um destino talvez pior, cria um clima dramático, somente possível pela grande força interpretativa dos jovens maranhenses, inteiramente integrados no espetáculo que, em termos de brasilidade, é dos mais importantes deste ano em São Paulo.

A Direção de *A Moratoria* Encena o Classico com Rigor

OESP
30 de setembro de 1976

Nesse intenso movimento teatral, com novos teatros se inaugurando e novos conjuntos que se apresentam, mais uma casa de espetáculo se abre, o novo teatro da FAAP. Mas o mais importante é que a peça escolhida para inauguração é um dos mais importantes textos da moderna dramaturgia brasileira que já se tornou um clássico.

Quando a Companhia Sandro-Maria Della Costa, em 1955, encenou *A Moratória* de Jorge Andrade, então um autor novo e pouco conhecido, apesar de já premiado, a peça foi um impacto, sendo recebida pela critica como uma demonstração de maturidade do nosso teatro, ainda que o público, talvez, não tivesse correspondido, por não estar suficientemente preparado para as inovações do texto o que acreditamos já não aconteça em nossos dias.

Tecnicamente, a peça apresenta duas cenas simultâneas mas distanciadas no tempo, uma em 1929, no momento da eclosão da crise mundial e do café, e a outra três anos depois, jogando com a inteporalidade para o efeito dramático, como o cinema faria depois, chegando ao ápice com Resnais em *Mariembad* È verdade que os expressionistas haviam livrado o teatro da prisão cronológica e a peça marco o moderno teatro brasileiro "Vestido de Noiva" de Nelson Rodrigues, já se utiliza dessa liberdade com grande resultado cênico. No caso de *A Moratória* as duas épocas não somente atuam num contraponto dramático mas permitem ao espectador uma segunda leitura da situação apresentada pelas informações recebidas em cena anterior que, cronologicamente, se situaria em um tempo posterior. Essa técnica, utilizada com grande eficiência e capacidade pelo autor, traz um enriquecimento em profundidade psicológica e conotações sociais, que dão um dimensionamento universal ao drama.

Essa dimensão é outro aspecto que deve ser ressaltado nas qualidades da peça. situada precisamente num momento da historia econômica e social paulista, tendo época e local bem determinados, o texto possui valores que permitem a sua transposição para outras regiões e outros momentos, inclusive atual. A historia de uma classe que se desmoronou, é de todos os tempos e países. Basta, ao espectador, fazer a transposição.

O clima obtido, no seu dimensionamento psicológico, dá aos personagens um grande valor dramático. Não é por mera figura de retórica que Decio de Almeida Prado, no prefacio à edição da Agir, termina por lembrar Tchecov. De fato, viver de esperança numa situação irremediável aproxima os personagens paulistas do criado pelo autor russo.

Afinal a volta a fazenda ou a Moscou é a mesma ilusão daqueles que não sabem enfrentar a realidade e lutar para modifica-la.

Jorge Andrade é um autor que não somente cria o texto dramático mas também assume posição de diretor e cenógrafo, dando indicações precisas sobre a encenação de suas peças, alem de exigir respeito total não somente aos seus diálogos mas também ás rubricas. Assim sobra pouco para a criatividade do diretor Emílio di Biasi foi fiel ao dramaturgo, permitindo que as qualidades dramáticas da peça passassem, por inteiro. Sendo, porem, um diretor cheio de inventividade, gostaríamos que tivesse agido com mais liberdade, especialmente aparando um excesso melodramático que afeta alguns momentos, como a cena de choro de Marcelo, depois do choque com o pai, no segundo ato. De qualquer modo, somente a cena da despedida da fazenda, transposta cenicamente num tempo acertado, já valoriza a direção. Um certo ritmo mais preciso certamente será obtido depois da estreia, em outras cenas.

Naturalmente as companhias são sempre odiosas, mas os atores tiveram que enfrentar, junto aos espectadores mais velhos. a lembrança do excepcional elenco da montagem de 1955, ainda valorizado pela memória. Conseguem, porem os interpretes, se sair bem desse confronto não pretendido. Míriam Mehler dá todas as nuances psicológicas de um personagem difícil, que não somente aparece como o esteio da família mas é, dramaturgicamente, o elemento central de apoio a ação dramática. Márcia real contrapõe, com precisão a aparente fraqueza e a força interior da mulher na organização patriarcal das nossas famílias rurais.

Paulo padilha excelente na cena da despedida da terra, compõe com exatidão dois momentos do personagem, sendo porem, desejável uma certa contenção melodramática. Carlos Augusto Strazzer, numa linha que se transmite como irônica, Riva Nimitz, sem problemas, pela sua experiência, num papel curto, Mauro de Almeida revelando nervosismo na estreia, completaram o elenco.

Flavio Phebo, também obediente à sindicações do autor, criou um espaço cênico com a atmosfera necessária, ao qual não falta o seu bom gosto de decorador. Quanto aos figurinos, considerando a reviravolta da moda feminina de 1929 para 30 estão,muito presos aos anos vinte o que não é desculpável, pelo menos ao personagem "Elvira".

Uma adaptação não muito feliz de Kafka.

OESP
15 de fevereiro de 1977

Franz Kafka como todos os gênios, é um escritor de muitas leituras, quando jovem, a gente toma contato com Kafka pela primeira vez e se impressiona com a rica imaginação, com a extraordinária linguagem, com a variedade e profundidade dos temas. A sua acuidade no exame do ser humano revela-se na temática da marginalidade pelo se apresentar diferente como em *Metamorfose*, do complexo de culpa como em *O Veredito*, da procura do ente superior talvez inacessível, como em *O Castelo*, ou da insegurança humana no seu talvez melhor conto *Le Terrier*. Essa temática, porém, na medida em que se amadurece e em novas leituras, revela-se muita mais complexa e rica, permitindo um sem número de interpretações.

O Processo, título dado por Max Bnod, a quem devemos a publicação de grande parte da obra de Kafka, mesmo desobedecendo a sua última vontade, pode também ser entendido de diversas maneiras, desde a interpretação menor de uma parábola sobre a situação do povo judeu, sempre perseguido e punido por uma culpa não definida, até a mais profunda e espiritual concepção do pecado original de que padece toda a humanidade. Outros temas, como o processo burocrático (que será melhor exposto em *O Castelo*), a estrutura social dominado o indivíduo, a insegurança, a marginalização, o absurdo do quotidiano, também são abordados nessa obra central da produção Kafkiana de uma riqueza interminável a ser explorada em varias leituras.

A adaptação de qualquer obra prima sempre sofre um processo de redução. No caso de Kafka, de quem temos apenas uma tentativa de teatro (se outras não forem destruídas por ele mesmo), a transposição de suas novelas para a linguagem teatral correm sempre esse perigo. Duas coisas, porem, precisam ser respeitadas: a sua simbologia geral, não referente a situações determinadas no tempo e no espaço, e que lhe dá uma dimensão universal, e a não procura intencional do absurdo – surgindo este exatamente por que as situações são apresentadas dentro da normalidade rotineira.

O pessoal do Victor, talvez o nosso único conjunto experimental com seriedade e continuidade, no erro de não atender a essas duas condições. As referencias locais que situam a ação dentro de determinadas conjunturas políticas e sociais, restringem a universalidade da obra. Por outro lado, concebido o espetáculo de uma forma circense, quase que num contexto totalmente absurdo, o absurdo da situação de Joseph K perde a sua força critica.

Na encenação de Celso Nunes há uma abundância de elementos criativos: citações culturais da "commedia Del'Arte" do teatro dos "forains" do teatro de marionetes, do teatro de sombras, das proposições de Peter Brook, além, evidentemente, do contesto circense. O cenário e figurinos de Marcio Tadeu acompanham essa concepção, com uma parafernália utilizável ou não pelos autores, com alguns bons achados como as imponentes colunas feitas com camburões enferrujados. O que faltou foi uma revisão critica, uma síntese final, aparando os excessos, que permitisse o espetáculo tornar mais clara, para o público a sua proposta. A impressão que se tem é que está sendo apresentado o processo (sem intenção de trocadilho) da elaboração do espetáculo sem que o próprio grupo tivesse chegado a um resultado final. Se essa foi à intenção, ela foi atingida, mas não nos parece satisfatória.

Na ausência de uma revisão critica, alguns momentos são de grande importância, como a fusão dos lamentos dos perseguidos com os gritos do rock. Entretanto, o desrespeito à crença alheia, atitude fascistóide a lembrar os filmes anti-religiosos encomendados por Hitler a Goebbels nos anos trinta, é um aspecto negativo a revelar a ignorância da importância da igreja como um elemento de luta na defesa da pessoa humana, colocando-se o espetáculo, no mesmo lado daqueles que pretende criticar.

No elenco, alguns momentos são destacáveis como a interpretação de Waterloo Gregório no pintor,

Rachel Druker, Reinaldo Santiago. Em geral, porém, há uma exacerbação desde o inicio que prejudica o desenvolvimento da situação paradoxal de Joseph K, afetando especialmente a interpretação de Paulo Betti.

Machado e o teatro numa boa montagem.

OESP

02 de março de 1977

A história tem ironias machadianas e mais ferinas quando sua ultima é um destacado mestre da ironia como o próprio Machado de Assis. Tendo exercido as funções de censor, sendo a censura de então exercida pelo Conservatório Dramático Brasileiro, sua preocupação era de que a atividade desse órgão não se limitasse aos aspectos religiosos, morais e políticos, como se fazia, ma que se exercesse a censura estética. Propugnava, assim, a pior forma de censura, sem nenhuma preocupação com o problema de liberdade de pensamento. Não poderia pensar que, em 1977, um jovem grupo de teatro tivesse problemas com a censura para montar textos seus, Martins Pena, vitima da então censura (pasmem!) terá se divertido na sua sepultura com essa vingança tardia.

Machado de Assis sempre se preocupou com o teatro. Além das atividades de crítico, escreveu peças desde os vinte anos até o fim de sua vida. Entretanto, seus textos dramáticos têm pouco valor teatral, sendo rara a sua encenação. *"O teatro, por não servir de modo imediato para a glorificação, ficou esquecido, e a tal ponto que nem mesmo os inimigos se serviram dele para o ataque"*, anota Joel Pontes em seu excelente livro *Machado de Assis e o Teatro*, Entretanto, seus textos literários, contos, novelas e romances, guardam uma estrutura teatral como bem destaca o mesmo Joel Pontes. Daí a possibilidade de transpô-los para o teatro, sem ferir a sua qualidade.

O jovem grupo Teatro do Ator, sob a direção de José Antônio de Souza, acerta de inicio em duas coisas, a escolha de Machado de Assis para a apresentação de parábola crítica aos problemas atuais, numa demonstração de uma maturidade rara entre os jovens pela compreensão de que os fatos sociais não surgem do nada, mas se formam ao longo da História. O segundo acerto foi a escolha dos textos literários dramáticos, escolha, aliás, bem feita, mantendo o espetáculo num nível crítico que o torna sempre atualizado. Sob esse aspecto, o único senão está na falta de alguns cortes, pois a encenação se prolonga além do necessário.

Outra grande qualidade da montagem está na sua falta de pretensão. Estamos acostumados com elencos jovens que esperam, a cada encenação, escandalizar a todo mundo, chocar as mentalidades que lês consideram conservadoras, descobrir novos rumos para o teatro nacional. Parece que o sonha desses grupos e ter a cada montagem, uma nova "batalha do Hernani". Pois bem, ainda que adotando o estilo de encenação do teatro rústico, com aproveitamento de toda sucata em cena, dando pouco trabalho ao cenógrafo-figurinista, o diretor José Antonio de Souza, realizou um trabalho comunicativo, simples e direto, a que se assiste com satisfação.

É claro que a direção foi facilitada por um elenco de jovens que demonstra uma preparação corporal, uma razoável expressão vocal, e o que nos parece mais importante, capaz de dizer um texto como quem está compreendendo o que diz. São qualidades não muito freqüentes hoje em dia. Analucia Arbax, destacando-se na *Filosofia de um Par de Botas*. Alberto Baruque, explorando bem o *Sermão do Diabo*. Heloisa Machado, demonstrando sua prévia experiência em dança, Hugo Sérgio Xavier, um ótimo Dr. Semana, Marco Antônio Augusto, expressivo no *Diálogo dos Burros*, e Joice Azeredo acertadamente maneiroso no *Apólogo*, formam um elenco homogêneo de quem podemos ainda esperar muita coisa.

Um auto nordestino que permanece atual.

25 de março de 1977

Um dos maiores poetas brasileiros é sem dúvida João Cabral de Melo Neto. Entretanto, ele não tem a popularidade de um Drummond e um Bandeira, e seu poema, vencedor do concurso do IV Centenário de São Paulo, *"O Rio ou Relação da Viagem que faz o Capibaribe de sua Nascente à Cidade do Recife"* é pouco conhecido não obstante ser uma das obras mais importantes da moderna poesia brasileira. João Cabral de Melo Neto é um poeta que expressa a problemática brasileira como um arauto que fala pelo povo, *"reunido em torno da mesma esperança"*.

Curiosamente, a obra mais popular do João Cabral que se considera um poeta antiteatro (o que não é verdadeiro, pois sua poesia tem um teatralidade interno) é o auto *Morte e Vida Severina* que pretendia ser apenas um auto de Natal, mas se tornou uma peça de dimensões nacionais, expressando os problemas do povo brasileiro, continuando válida depois de vinte anos já que as coisas pouco mudaram. Com valores universais que caracterizam a verdadeira obra de arte, o que explica o seu sucesso no festival de Nancy na montagem do TUCA, sob a direção de Silnei Siqueira, a peça tem sido encenada por elencos profissionais e grupos amadores em todo Brasil. Em São Paulo, houve a montagem inicial da Companhia Cacilda Becker no antigo Teatro Natal, a do TUCA da Cia Paulo Autran, várias por conjuntos amadores. Assim, profissionalmente, a atual encenação do Markantti vem a ser a quarta apresentada ao público paulista.

Exatamente nessa sucessão de montagens reside a maior dificuldade. Como apresentar um espetáculo cujo êxito já poderia estar desgastado junto ao público? Acontece que o teatro de João Cabral tem aquela qualidade de se renovara cada apresentação e os seus valores dramáticos e poéticos garantem sempre o seu interesse. Acrescente-se a feliz integração da música de Chico Buarque e o espetáculo já se justifica.

A concepção do espaço cênico, do diretor Eduardo Curado e do cenógrafo Palma Travassos é o primeiro acerto da nova montagem. Transformando o Teatro Markantti de cena italiano, para arena e panorâmica, se aritmeticamente se perdeu espaço cênico ganhou-se dramaticamente esse espaço, a demonstrar mais uma vez que arte dramática não se mede em números. Envolvendo o público na representação, o espetáculo acresce a dimensão de atualidade, reforçada pelos *"slides"* que compõem o cenário, especialmente os últimos que mostram as grandes metrópoles onde os severinos continuam seu destino de morte em vida.

O segundo acerto é a ênfase dada aos personagens e as falas dramáticas, valorizando o aspecto teatral do texto. Ainda aqui, tendo abordado os figurinos estilizados e literáticos das outras montagens, apenas referidos nas cenas cerimoniais, utilizando-se de roupas realistas, mas sem características regionais, o diretor conseguiu manter o sentido atual da temática, facilitando a comunicação com o público.

O elenco, com dezessete participantes além de dois músicos que tocam à vista (outro acerto da direção), todo ele bastante jovem, conduz-se com homogeneidade, aproveitando as oportunidades individuais que a concepção do espetáculo oferece, sendo injusto indicar destaques numa montagem que valoriza o texto pela sua integridade.

Critica Social e Absurdo, Ainda os Traços de *Esperando Godot*

OESP
27 de outubro 1977

O chamado teatro do absurdo que se não chega a ser constituir numa escola pelo menos um movimento que suscitou autores de tendências diversas mas preocupados na procura de uma nova linguagem teatral, oposta ao teatro de tradicional (pelo que, muitas vezes, foi chamado de teatro de vanguarda e anti teatro), teve sua maior efervescência nas duas décadas que se seguiram a 2ª grande guerra e, como centro, a capital francesa. Apesar da maioria dos seus autores escreverem em francês, quase todos são de outros países: Bechett (irlandês) Lonesno (romeno) Admov (russo) Schehadé (libanês) Arrabal (espanhol). Alguns dramaturgos franceses como Genet, tardieu, podem nele ser incluídos se o movimento se espalhou por outros países, com Pinter, na Inglaterra, Albee, nos estados Unidos, Buzzati, na Itália, Hidesheimer e Gueter Grass, na Alemanha, Max Frisch, na suíça.

De todas as obras do teatro do absurdo, talvez a mais famosa e mais discutida seja *Esperando Godot* de Samuel Beckett. Desde sua estreia em paris, em 1953, a peça apesar da suas características inovadoras, sem a tradicional "ação" teatral, parecendo apoiar-se apenas na linguagem verbal, com uma situação em que nada acontece em cena, foi um sucesso e foi apresentada no mundo todo. Apenas dois anos depois a Escola dramática de São Paulo, cumprindo mais uma vez sua extraordinária missão cultural, encenou o texto de Bekett. Mas a montagem que ficou na nossa historia cênica, infelizmente por ter sido a ultima atuação de Cacilda Becker, no papel de "estragon", foi a de 1968, a primeira profissional entre nós. Tantos anos depois, volta a ser montada, num ato de coragem é preciso que se diga, com u elenco feminino apesar de todos os personagens serem masculinos. Considerando, porem, a universalidade simbólica dos personagens de Becket, nos aprece perfeitamente valida essa diferenciação dos atores e, no caso da atual montagem, funcionando perfeitamente. De fato, até se pode considerar um enriquecimento da parábola beckettiana essa indefinição, já que os personagens caracterizados cenicamente como "clowns" e, portanto, sem elementos físicos definidores de sexo, devem simbolizar o gênero humano.

Revendo, depois de tantos anos, uma encenação de *Esperando Godot*, dois aspectos sobressaem e que parecem ter sido observadas anteriormente. Em primeiro lugar a contundente critica social, especialmente nas relação de "Pozzo" e "Lucky", contrariando os apressados comentaristas que falam na alienação de todo o teatro do absurdo. Em segundo lugar, deixando em plano inferior a discussão sobre o que significa o Esperango Godot, a peça indica claramente que a situação dos dois personagens é sem saída porque eles nada fazem para muda-la. Quem fica sempre a espera de alguém, ou de um acontecimento, para resolver os problemas, somente pode ficar na eterna expectativa do dia seguinte, numa esperança vazia e sem sentido. Alias, a nossa musica popular já havia alterado o sentido da máxima tradicional, de que quem espera sempre alcança. É preciso agir e atuar na realidade para que as solução sejam encontradas. Caso contrario, será sempre, em qualquer situação, uma interminável espera de Godot.

Naturalmente esses elementos são iluminados pela direção de Antunes Filho, que optando por uma linha despojada, sem querer inventar nada (o que é uma tentação do teatro do absurdo) ressalta os valores do texto. Acrescente-se uma excelente direção de atores, o trabalho de Antunes filho resulta numa ótima encenação de beckett.

As atrizes conseguem compor os personagens sem que se pense, em nenhum momento, em travesti, situando-os na necessária impostação simbólica, mas com recursos absolutamente simples. Essa é a nosso ver, a principal qualidade da interpretação, a simplicidade como, de resto, de todo o espetáculo, com exceção da cenografia. Tanto Eva vilma como Lilian Lemmertz transmitem exatamente as características, o material e o intelectual dos dois personagens centrais. Lelia Abramo, seguindo o modelo de um velho ator, dá um sentido pomposo e primário de "Pozzo", na sua falsa posição de superioridade. Maria Yuma, no seu único momento de fala é responsável pela cena de maior emoção do espetáculo que faz com que o público irrompa em aplausos.

A única restrição é quanto a cenografia, alem de mistura de estilos, teatralismo nos telões, simbolismo no cerco de construções pintadas, lembrando um pátio de uma prisão (talvez influenciada pela famosa representação de San Quentin, em 1957, citada por Martin Esslin), formalista nos acessórios, não consegue espaço cênico requerido pela peça.

Violencia e Preconceito em Espetáculo Integrado

OESP
06 de novembro de 1977

A inauguração de mais um teatro em são Paulo, complemente quase uma dezena de novas casas de espetáculo nos dois últimos anos, parece desmentir as cassandras que vivem prognosticando a agonia lenta do nosso teatro. O Teatro da Igreja, da responsabilidade de Luís Carlos Laborda, aproveita um antigo templo protestante, situado na área de diversões da Bela Vista, com inteligente utilização do espaço (e a semelhança espacial das cerimonias religiosas com o espetáculo teatral permite essa transformação sem grandes reformas) um excelente aproveitamento das condições primitivas, como os bancos do coro transformado em balcão, a altura do pé direito, o espaço para o palco, as entradas e saídas para o público, resultando em um pequeno mas ótimo teatro, de duzentos e oitenta lugares, que poderá se tornar num centro experimental de arte dramática.

Para a inauguração foi escolhido um texto de Fauzi Arap, sob a direção do autor, permitindo uma encenação que parte de uma unidade cênica fiel a proposta. Fauzi Arap está se tornando um dos nossos mais prolíficos dramaturgos, tendo apresentado, em menos de dois anos, três espetáculos de sua responsabilidade. Como há regras em teatro, das quais é impossível escapar, a norma de que um texto dramático somente se prova na encenação permitindo \o autor corrigir e corrigir-se, fica mais uma vez comprovada (justifica a insistência do autor). *O Amor do Não* é sem duvida um bom texto que resulta num ótimo espetáculo, transmitindo com clareza as idéias nele contidas e obtendo uma rara unidade qualitativa na encenação.

A peça discute a problemática do sim e do não, que tantos enfoques já recebeu na dramaturgia (bastando lembrar a *Antigone* de Jean Anouilh e o próprio titulo de uma peça de Brecht, para citar dois autores tão dispares). Correria o risco de cair no psicologismo, principalmente quando relaciona o sim com o elemento masculino e o não com o elemento feminino, que coexistem em todo o ser humano. Mas o texto, ao exemplificar a dicotomia em dois marginais, vitimas da violência da estrutura social, calcada numa "normalidade" que serve de apoio seguro a toda mediocridade, adquire uma dimensão maior.

De fato, o dizer não as normas vigentes, coloca o homossexual e o revolucionário na mesma situação de vitimas da violência, o primeiro menos atingido, pois a repressão se utiliza apenas do ridículo, da rejeição, quando não de uma complacente tolerância, por ser menos perigoso, e o segundo chegando a prisão e a tortura. Ambos assumem sua posição, o que os torna marginais., enquanto que o terceiro personagem, centro do conflito, mantém uma aparência conivente com o sistema, como funcionário público, enquanto se rebela na via intima e nos seus inscritos. Por esse dualismo é que fica só ao final, assumindo sua derrota.

O texto como a direção se expressam em dois níveis, o realista e o expressionista, este toda vez que há necessidade de superar o tempo e espaço. Da mesma forma a cenografia, que chega ao naturalismo na criação de detalhes do apartamento, tem elementos simbólicos na decoração, sendo também simbolista no próprio excesso decorativo. Assim o elemento psicológico e o social, encontram no espetáculo, dentro de uma unidade de concepção, formas de se expressar. Quanto aos atores, numa ótima qualidade de interpretação, se integram no espetáculo, sendo de se ressaltar João José Pompeu, num dos seus melhores trabalhos. Álvaro Guimarães, numa difícil composição e Ricardo Petralglia, mantém o nível da representação.

Mambembão Cumpre Objetivos
Mostrando Situação do Teatro

OESP
05 de fevereiro de 1978

Finalmente o Mambembão atinge plenamente seus objetivos, de um painel demonstrativo das características regionais da nossa cultura, com a apresentação do teatro universitário do para, coma peça *Os Mansos da terra* do belenense Raimundo Alberto. Evitando o intelectualismo pretensioso, que parece atrair os grupos sulistas, o conjunto paraense escolheu um texto que aproveita os elementos populares da vivência regional, de um autor que não escreveu no ganibete, norteado por posições e esquemas ideológicos, artificialmente encaixados na nossa realidade. Essa é a principal qualidade do espetáculo, o seu apoio na experiência viva do mundo complexo dos sertões e veredas do maranhão e norte de Goiás. Com uma historia que tem semelhanças com contas e romanceiros de outros estados (incluindo do interior de são Paulo e demonstrar essa incrível unidade cultural brasileira, que escapa apenas aos observadores,superficiais, com sua temática de crendices, fanatismo, valentia, despreza à covardia,desvalorização a vida humana, dentro deu quadro maior de uma estrutura social patriarcalista e injusta, a peça de Raimundo Alberto é uma lição de aproveitamento da cultura popular. Não que seja teatralmente isenta de defeitos: o longo discurso final de "Denora" é repetitivo, explicando o que o próprio drama havia dito e, portanto, desnecessário, quebrando a força da ação dramática.

Também a presença física do "coronel" tira a força realista do texto, dá um elemento simbólico desnecessário que a direção acentua nas marcações e coro. A sua ausência - presença teria muito mais força dramática, sem que o público precisasse ver um ator, deslocado na cena fechada da gruta, desviando a atenção. O diretor Cláudio Barradas, comas ressalvas feitas, conduz o espetáculo numa linha de compreensão das características dos personagens, especialmente na direção do atores. O trio central de interpretes: Homerval Teixeira, José Moraes e Natal Silva, corresponde integralmente, coma caracterizações ajustadas do matador, do fanático, ex-valentão convertido, e da mulher revoltada contra o companheiro e, mais profundamente, contra a própria estrutura patriarcal.

Também o grupo Hombu, do Rio de janeiro, fração do conjunto vento Forte (que sob a direção de Illo Krugli apresentou um dos mais importantes espetáculos brasileiros para crianças e jovens, "historias de lenços e ventos") foi procurar inspiração na cultura expontânea do norte, mais precisamente na dança dramática "pássaros" do amazonas, para a encenação de *A Gaiola de Avatsiu* criação coletiva de texto, direção cenografia e figurinos, resultando num espetáculo de grande beleza visual.

Com um cenário de armações da bambu, palha, com figurinos coloridos e maleáveis, com a belíssima musica de Beto Coimbra e Sérgio Fidalgo, a encenação conta ainda com atores que sabem dizer, cantar, aproveitar o corpo, superando, inclusive, as deficiências acústicas e espacial do Pixinguinha, atingindo não somente o público infantil pela plasticidade mas, também, os adultos pelo conteúdo com temas como amor, a morte, a repressão, a liberdade(e a única restrição, talvez, seja o excesso de idéias do texto, tornando-o dispersivo) Um espetáculo serio, que trata com seriedade seu público.

Com *Clitemnestra Vive*, O grupo Armação de Florianópolis reincide no intelectualismo esnobe a que nos referimos. O texto de Marcos Caroli Rezende tem um ponto de partida interessante: correlacionar a tragédia grega, na categoria de arquétipo, com a evolução da sociedade brasileira. Mas a configuração de Agamenon como o colonizador e de Climnestra como força renovadora é por demais forçada e artificial. Alem disso, o autor parte deu um maniqueismo simplório (e o maniqueismo é a pior forma de alienação, pois prepara o povo aceitar qualquer ditadura que apresente alguma coisa aparentemente boa) nega todos os valores históricos em obediência princípios teóricos, não testados diante da nossa realidade. Tudo isso num excesso verboragico ingênuo e superficial.

O espetáculo padece do mesmo excesso (como não recebemos o texto não sabemos se cabe ao autor ou ao diretor), características adolescente de quem acha que tem muito a dizer e que dizer numa única vez. Basta ver a sucessão de finais . depois de uma discussão com electra e climnestra, orestes faz a sua opção, despede-se dos símbolos de seu poder e o espetáculo parece terminado, mas a seguir os atores se sentam no proscênio e explicam o sentido dos personagens (como se o público fosse de inteligência relativa) seria também um final mas surge o coro vestido de médicos e ha um ritual de emasculação de Orestes. Finalmente, o fogo simbólico ainda se levante e tem uma saída em composição cênica. Salva-se no espetáculo o esforço dos atores especialmente Albertina Prates, Francisco Luiz de Nez e um dos corifeus. Uma observação final: o nome Clitemnestra vem do grego "klytaimnestra conservando o "y" no francês e inglês se substituído por "i" na grafia atual portuguesa. Não há nenhum "p". Assim numa promoção cultural do SNT, não se justifica que os divulgadores do espetáculo escrevam "Cliptemnestra" (como nos jornais) ou "Climnestra (no catalogo o projeto, aliás em geral bem impresso) ou, pior ainda "Cliptmnestra" (no cartaz colocado no TEEK) é preciso um pouco de cuidado para não aumentar a confusão cultural do nosso público.

A Sombra da Morte na Caixa dos Conflitos Contemporâneos

OESP
26 de maio de 1978

O tema da morte preocupou sempre os artistas, nas varias formas de expressão, inclusive o teatro, talvez porque seja a preocupação fundamental da humanidade. Sendo a única coisa certa e definitiva para o nosso conhecimento imediato e representando um fim a tudo para os materialistas., tornando a vida sem sentido, ou uma transição para a nova forma de vida, para os espiritualistas que, encontram, assim, um sentido para sua existência, a morte sempre preocupou o homem. Por essa razão, já o homem de Neandertal, há 500.000 Anos enterrava seus mortos e as primeiras comunidades urbanas, como jerico, a mais antiga aldeia conheciam do período neolítico-A pré-cerâmico, oitavo milênio a.C., revelam processos especiais para o enterro, demonstrando que a morte era fundamental, Na nossa época, o problema da morte parece ter ficado em segundo plano, talvez pelas matanças coletivas (os seis milhões de judeus mortos por Hitler),pelos genocídios, pelos massacres da população civil, pelos atos de terrorismo que assassinam inocentes, que tornaram a morte uma questão de rotina. As toda a luta pela justiça social, pelos direitos humanos, pelo desenvolvimento econômico que beneficia a todos, não é mais, no fundo, que uma luta pela sobrevivência do homem, uma luta contra a morte. Se a morte de um indivíduo parece um problema particular, é porque perdemos o sentido da importância do homem em si, de tanto falar em números ou aglomerados humanos.

Foi a importância da morte para cada pessoa em, portanto, para todos nós, que o jovem autor norte-americano compreendeu ao escrever *Caixa de Sombras*, selecionando três casos diversos, como uma amostragem, para examinar a atitude do homem diante da certeza da morte imediata. As várias formas de comportamento, a revisão de vida, o modo, a revolta ou a aceitação, os sonhos não realizados, ou a luta par não morrer, surpreendentemente configurada numa velha cega, formam o conflito dramático, que envolve todos os espectadores por se sentirem participantes do mesmo drama, ainda que se sintam distantes da própria morte.

Construída com grande intensidade dramática, num contraponto das três situações, dos condenados a morte e seus familiares, a peça permite um espetáculo de alto nível desde que o diretor compreenda a força do texto., sem procurar enfeitar a encenação. Foi o que fez Emílio di Biasi, resultando numa montagem que prende o espectador, levando-0s do riso ás lagrimas, num sentido humano que há muito não víamos no nosso teatro. Somente esse aspecto já credencia *Caixa de Sombras* como um dos melhores espetáculos da atual temporada.

Mas o que valoriza excepcionalmente a encenação é o trabalho dos atores, realmente das melhores interpretações, que temos visto ultimamente e coma homogeneidade rara nos nossos elencos naipe femininos e possível, ainda leva uma ligeira vantagem, contando com Lilian Lemmertz, Yolanda Cardoso, henriqueta Brieba (e quem ainda não viu essa veterana, atriz no palco, não deve perder a oportunidade) e Sônia Guedes. Mas Edney Giovenzazzi, talvez no papel masculino mais difícil, Antônio Petrim, Flavio Guarnieri, Roberto Lopes e João signorelli mantém o alto nível de interpretação cenário de Gianni Ratto, com varias cenas simultâneas e aproveitamento e espaço, inclusive disfarçando as incríveis colunas, com inteligência é, como sempre, excelente.

A Atualidade Brasileira numa Peça Obrigatoria

OESP
25 de outubro de 1978

Se é verdade que está havendo uma possibilidade de abertura para o livre exercício da atividade teatral, se, em conseqüência o segundo semestre deste ano está se tornando de grande importância, principalmente se compararmos como o raquítico 1º semestre se, por outro lado, não deveríamos ter ilusões com "gradualismos" o fato é que a encenação de uma peça de Augusto Boal, tratando dos exilados brasileiros, se constitui um acontecimento extraordinário e o mais importante espetáculos teatral do ano pelas suas implicações.

Augusto Boal é um nome que já entrou para a historia do desenvolvimento do nosso teatro, desde suas participações no antigo teatro de arena até as suas experiências com o sistema coringa ou o teatro jornal, experiências de um teatro popular que ele continuou em outros países e que lhe deram, a atualmente, um renome internacional.

A encenação, pois, de um novo texto de Boal é, por si só, um fato marcante na nossa temporada teatral. Acrescentando-se que nova peça pode ser considerada a melhor obra do autor, trazendo amadurecimento e enriquecido pela sua vivência no exterior.

O tema da problemática dos exilados, o que permite uma tomada de consciência da nossa situação política, é novo no nosso trabalho. O exílio parece ser uma tradição na vida política, brasileira, lembrando que houve exilados de 1930, 1932, do estado novo, e assim por diante. Entretanto, os dramaturgos nacionais, com raras referencias como Renata Pallottini em "enquanto se vai morrer"(por sinal, peça ainda proibida pela censura) não se interessaram pelo assunto. Foi preciso que um autor sofrendo na carne as auguras do exílio, nos colocasse diante dessa realidade tão profundamente dramática. Escolhendo alguns tipos que representasses a grande variedade dos que foram forçados, pelo arbítrio, a viver no estrangeiro, como o intelectual teórico, o artista, o líder popular, o estudante, nem por isso Boal cai no estereótipo.

Claro que o autor não poderia apresentar todas as categorias de exilados, mas teve que escolher algumas que mais servissem ao propósito de demonstrar a verdadeira morte em vida que representa o exílio, com seu corolário de insegurança, inadaptação, castração e miséria. Ficaram de fora, por exemplo, aqueles que pela sua inteligência e capacidade foram aproveitados pelas organizações internacionais, como a ONU a UNESCO, por universidades e órgãos oficiais de outros países, como se o Brasil pudesse se dar ao luxo de exportar seu patrimônio cultural, num verdadeiro atentado ao seu futuro. Esses exilados obtiveram situações mais seguras e prestigiadas (e talvez tenham sido um ato de modéstia do autor a exclusão dessa categoria) pelo seu valor pessoal, sem que por isso o exílio tenha sido menos amargo. Há, ainda, aqueles que ligados a organizações extremadas, se tornaram denunciantes, as vezes, de próprios companheiros que aqui ficaram na luta contra o arbitro, vivendo sob continua ameaça, quando se encontram em reunião internacionais>De qualquer modo, os exemplos selecionados por Boal, são suficientes para nos revelar uma realidade quem pouco conhecemos, já que não vivenciamos, trazendo par ao nosso teatro, ultimamente tão alienado, a discussão de um problema que nos atinge profundamente.

O grande mérito de Paulo José, na direção foi a simplicidade, deixando o texto revelar seus valores. Além disso, evitando a dramaticidade fácil, deu um tom dominante de comedia que torna mais trágica a situação dos personagens, sem apelas para o melodramático. Contando com um elenco que se integrou no espirito e na forma da encenação, ajustado aos tipos, com uma cenografia de Gianni Ratto, maleável as mudanças de espaço das cenas, simbolicamente expressando nas malas o nomadismo obrigatório dos exilados (a mesma solução que vimos recentemente em Paris, na encenação de *Le Golem* pelo Théâtre em Piéces na Cartoucherte de Vincennnes), Paulo José realizou um espetáculo que faz justiça à importância do texto, Renato Borghi tem uma de suas melhores interpretações, transmitindo com garra todas as variações dos personagens, na sua complexidade psicológica. Martha Overback, num papel que poderia cair no estereótipo, o que ela evita, Othon Bastos, na aparente simplicidade de "Barra", Francisco Milani, definindo a perplexidade o teórico diante da realidade, Bethy Caruso, com a espontaneidade da juventude e Thaya Perez, superando o único momento perigosamente melodramático, a cena do suicídio compõe um elenco que nos faz rir, nos emociona e nos faz pensar. Resta esperar que este seja o começo da volta de Boal ao teatro brasileiro.

Trate-me Leão: um Espetáculo que Justifica Prêmios e Elogios

OESP
28 de outubro de 1978

Quando vemos grupos de espetáculos com, títulos estranhos l, já ficamos prevenidos .Ou se trata de jovens imaturos e ignorantes que confundem originalidade criativa (sempre uma resposta nova mais adequada a um problema proposto) com o pitoresco, ou apenas "ser diferente" ou estamos diante de um grupo fechado, que curtiu suas experiências num circulo limitado, apresentando uma linguagem hermética, compreensível apenas aos iniciados. Assim,quando foi anunciada a vinda, finalmente, a são Paulo, do grupo carioca que se denomina *Asdrubal trouxe o trombone* com um espetáculo chamado *Trate-me Leão* ficamos temerosos não obstante os elogios da critica do Rio e os prêmios recebidos. Poderia ser mais um desses grupos que perdem tempo reinventando a roda(o teatro) em vez de criar novos usos para ela.

Felizmente foi espetáculo que nos chega em, fim de carreira, numa curta temporada (e isto, sim, é lamentavel) justifica os premior srecebidos no Rio, como melhor espetáculo em 1977 e, ainda, o *Moliére* de melhor atriz e, de iluminador. Num ritmo intenso e alucinante, os oito episódios se sucedem num palco vazio, com a cenografia reduzida a um paredão de tábuas mal alinhadas, tapume de obras, sugerindo o mundo em desordem em que vivem os personagens, possivelmente em construção, o que já seria uma esperança, mas tão cheio de confusão, como os tapumes espalhados pela cidade no Rio e em São Paulo, pelas obras do metrô.

Esse tapume funciona como esconderijo apoio, e até paredão contra o qual são encostados os que esperam a execução. No estante da espaço cênico, alem da utilização de alguns acessórios, os próprios atores, pela mímica ou pela fala, criam o cenário (a lembrar a cena Elisabetana) os objetos auxiliados pela excelente iluminação de Jorginho de Carvalho. A solução não é nova e pertence, e mesmo a todas as correntes não ilustrativas de teatro. Mas no caso da encenação dos *Asdrubals* ela funciona inteiramente integrada na proposta do espetáculo e permite que a representação adquira maior vivacidade, além de apelar para a participação, quase conspiração do público, enriquecida, além do mais, pelos ruídos, verdadeira sonoplastia, criados pelos atores.

A grande qualidade, porém, de *Trate-me leão* é a sua força cênica, decorrente da juventude do espetáculo., que se expande numa alegria contagiante, ainda que, sob a supervisão, se possa reconhecer a angustia existencial de uma geração jovem, pressionada e reprimida, que não encontrou, nem lhe foi oferecida, qualquer oportunidade ou objetivo. Por essa razão, o final do espetáculo, com a proposta vaga genérica do direito à felicidade, se parece alienada e frustativa corresponde a uma realidade de uma faixa da juventude brasileira, depois de anos de repressão. Por outro lado, é preciso lembrar que o espetáculo não pretende ser a expressão de toda a população jovem do nosso país, mas o retrato de uma camada, limitado até geograficamente de classe média no Rio de Janeiro.

O elenco, que trabalha junto cerca de sete anos, é homogêneo e integrado, sendo o resultado final um trabalho de equipe, nação sendo justo, e até contrario ao espirito do grupo, destacar nomes. Entretanto, não é possível deixar de nomear a premiada Regina Casé com o mais forte vocação cômica surgida em nosso teatro nos últimos tempos.

Um Espetáculo Adulto de Teatro de Bonecos
OESP
26 de novembro de 1978

O teatro de bonecos, entre nós, sofre ainda do preconceito de ser um gênero infantil, sem interesse para adultos, apesar de que na nossa cultura espontânea temos exemplos em contrario, como o mamulengo do nordeste, relevando que o público menos intelectualizado sabe perceber os valores reais das varias formas de expressão. Entretanto, o teatro de bonecos parece ser uma das as formas mais antigas da arte dramática, sendo que alguns autores se referem a milhares de anos para determinar o seu aparecimento no oriente, especialmente na Índia e na China. Através da historia do teatro, o boneco foi uma forma de expressão para adultos.

No Japão, o teatro de bonecos surgiu no século VIII mas o seu desenvolvimento maior se deu em Osaka, depois do século XVI, com a denominação de "ninguiô-Jôruri" (jôruri sendo um personagem feminino tradicional) e para ele, o grande tikamatsu Monzaemon (1623-1725) escreveu vários textos. Decrescendo o interesse, foi em 1871 que Uemura Bunrakuken criou o Bunraku teatro de Osaka (destruído por um incêndio em 1926) Passando o gênero a se chamar Bunraku, como hoje é conhecido universalmente, sendo um dos mais importantes e sofisticados teatro de bonecos para adultos.

No Ocidente, há uma gravura do século XII, mostrando um rei assistindo a dois manipuladores apresentando um duelo de bonecos, sobre uma mesa. Do período medieval, o teatro de bonecos assume grande importância na pré-renascença inglesa e se torna, nos séculos XVII e XVIII uma divisão da aristocracia européia. Hoje em dia, depois que permaneceu como um gênero popular, o uso dos bonecos (nas suas várias formas, de luvas, marionetes, de varas etc.) foi reintroduzido no teatro de adultos pelos grupos experimentais dos anos 60, a mais importante dos quais, iniciado em 1963 com Peter Schumann, é o Bread and Puppet Theatre, grupo americano que se revelou a partir de 1968 para todo o mundo, tendo já percorrido vários países de todos os continentes.

Foi no Bread and Puppet Theatre que Ana Maria Amaral fez seu estagio nos Estados Unidos, tendo apresentado um espetáculo ao final aproveitando uma noticia de jornal sobre a queda de um avião com bombas de hidrogênio, em Palomares, Espanha., em 1966, contaminando toda a região com radioatividade. Esse espetáculo, realizado em Nova York em 1970 recebeu críticas favoráveis. Aproveitando o tema original, Na Maria, com o seu Centro Experimental de Bonecos, "o Casulo" atualizou o roteiro, incorporando contribuição do grupo, e apresenta no teatro experimental Eugenio Kusnet "Palomares, uma noticia em 16 quadros". Um espetáculo para adultos.

Sem duvida, é um curto mas grande espetáculo. O tema, que poderia cair no melodrama tem uma força dramática que se torna mais comunicativa através de bonecos(e não é por mero acaso que o psicodrama se utiliza de bonecos como objeto intermediário) A utilização de fantoches (luvas), varas, máscaras e os próprios atores torna o espetáculo rico de formas diversificadas. Nas cenas de mar, a manipulação é feita à vista do público, com os animadores vestidos de negro, na mesma forma do Bunraku, o que funciona inteiramente para a nossa visão ocidental. Com um excelente aspecto visual, com vozes e musicas ajustadas, com a ótima técnica de manipulação, o resultado se transforma num espetáculo que não pode deixar de ser visto.

Temporada rica e um teatro a menos

OESP
16 de janeiro de 1979

O ano de 1979 se inicia com várias atividades teatrais, o que modifica o tradicional panorama do mês de janeiro, considerado mau para o teatro profissional. Mas a primeira notícia do novo ano é, infelizmente, negativa, ainda que tenha passado desapercebida pela classe teatral, especialmente os críticos que deveriam ter dado o sinal de alerta: o encerramento das atividades do Teatro Brasileiro de Comédia, o tradicional TBC, para a arte dramática, passando a ser uma casa de espetáculos reservada à dança. O TBC, que já havia terminado como entidade cultural, perde agora até o próprio espaço físico para o teatro dramático, negando o seu nome. Em qualquer país mais desenvolvido culturalmente, o TBC, pela sua importância histórica no desenvolvimento do teatro brasileiro, seria conservado. A Secretaria de Cultura, que não conseguiu terminar o Teatro Sérgio Cardoso, com a construção interrompida por problemas e erros nunca esclarecidos, faz o que o povo costuma chamar de "despir um santo para vestir outro", encerrando as atividades do TBC, numa negação dos seus objetivos. Em lugar de alugar, construir, adaptar um novo espaço cênico para a dança, criando uma sala de destinação específica, com o que todos estamos de acordo, realiza apenas uma mágica. O pessoal de dança, sem perceber a escamoteação, está aplaudindo a medida, numa visão limitada do problema, esquecido de que amanhã poderá perder o teatro, transformado, digamos, em local de exposição para artes plásticas. E o sr. Max Feffer, que dirige uma secretaria que se denomina de Cultura, Ciência e Tecnologia (nome contraditório, escolhido pelo próprio governador Paulo Egídio), passará à história do nosso teatro como o homem que fechou o TBC.

A Secretaria de Cultura do Município, por sua vez, reincide no Mês Teatral, que denomina de segundo, esquecida dos antigos quinzena e mês teatral dos anos cinqüenta, da Comissão Estadual de Teatro, da qual, aliás, fazia parte o atual secretário. Essa experiência fora encerrada pelo seu caráter seletivo, privilegiando algumas companhias com patrocínio, a concorrer com as demais, exatamente num período considerado fraco quanto à freqüência de público.

Finalmente, os projetos Mambembão (para adultos) e Mambembinho (teatro infantil) têm início em janeiro, estendendo-se até fevereiro, época inconveniente mas inevitável pelas características do projeto. Teremos a oportunidade de ver doze espetáculos de outros Estados. Pena que ainda desta vez o projeto não tenha sido aperfeiçoado, permitindo aos grupos que aqui comparecem, assistir aos nossos espetáculos e a oportunidade de encontros e debates, atingindo, então, seus objetivos de "troca de experiência" e conhecimento íntimo do teatro brasileiro, no dizer do diretor do SNT.

Repúblicas Independentes, Darling, do Grupo Vivencial de Olinida se apresenta mutilado, com cerca de 70% do espetáculo censurado. Assim, numa negação dos próprios objetivos do projeto Mambembão, não podemos conhecer "intimamente" a proposta do grupo pernambucano, nem é possível fazer honestamente uma crítica ao espetáculo. Apenas acentuar a simpatia do grupo, o seu espírito crítico, a sua guerra e vontade de fazer teatro e alertar para os perigos da criação coletiva mal entendida. A contradição de "liberdade" controlada, que é a própria negação da liberdade, dada ao grupo, é bem o retrato teatral da nossa realidade presente.

Em Busca da Renovação Cênica

OESP
10 de fevereiro de 1979

O grupo de teatro Província de Porto Alegre, comparece no projeto Mambembão com um espetáculo que realmente apresentar um trabalho de pesquisa e procura uma linguagem cênica renovadora .Se ainda não e um trabalho inteiramente integrado, pelo menos apresenta um caminho de experiências capaz de levar ao grupo ao encontro de uma linguagem própria e uma posição defensável e definida no confuso panorama do atual teatro brasileiro.

Os primeiros momentos do espetáculo chegam a preocupar. Os aquecimento dos atores à vista do público, limite extremo a que se chegou o distanciamento proposto por Brecht pelos grupos experimentais dos anos 60, é um recurso superado e bastante discutível., já que parte do pressuposto de que o público é composto por debilóides. Preferimos pensar que a falta de espaço do TEEK não permitia outra solução. Também a utilização do famoso olhar "I and Thou" no inicia da encenação, que o living theatre trouxe para o Brasil em 1970 e que foi utilizado pela primeira vem, com efeito cênico, por José Celso em *Gracias, Señor* de 72, parecia mostrar que o grupo gaúcho ainda estava na fase de repetição das experiências da ultima década, desgastadas pelo uso.

Felizmente, o espetáculo se desenvolve a seguir, coma linha renovadora, coma utilização adaptação da linguagem de meios de comunicação. Em primeiro lugar, a substituição das palavras por sons onomatopéicos, exceto pela presença de uma narradora, dispensável e contraditória em relação a linha do espetáculo, é um código característico da historias em quadrinhos, que também servem de inspiração par a composição das cenas e o ritmo da encenação. Vimos uma aplicação semelhante no ultimo festiva internacional de teatro infanto-juvenil, em Madrid, pelo grupo catalão "U de Cuc" com a montagem se *Super Tet* (que, por sinal, será encenada proximamente me São Paulo, por Roberto Lage) e nos pareceu uma excelente transposição de uma linguagem atual para o teatro. EM segundo lugar, as marcações e movimentação quase mecânica dos personagens lembram o estilo de certos bonecos animados do cinema, especialmente o filme premiado com o Oscar no ano passado, com bonecos formados por areia. O grupo de Porto Alegre obtêm um resultado interessante e renovador, com o aproveitamento desses elementos de outras formas de expressão da atualidade abrindo um caminho experimental par a linguagem cênica do nosso teatro.

Também a utilização de mascarasse integra nas encenação dentro do sentido simbólico que se procurou da r a historia de um homem comum na vida automatizada, desumana, de uma grande cidade moderna. Os personagens são tipos e não pessoas e que justifica a despersonalizarão dos atores. De fato a mascara (palavra que nos veio do árabe, já que na Grécia se denominava prósora e em Roma persona, donde a palavra personagem) desde a sua utilização nos ritos primitivos dramatizados, passando pelo grego, pela atelana dos romanos e, especialmente na Commedia Dell"Arte, sempre determinou a identificação de um tipo. No espetáculo gaúcho, o que importa é o sentido simbólico das personagens e não pessoas determinadas, pelo que o uso das mascaras foi inteligentemente incorporado à encenação.

A cenografia é simplificada para a rotunda preta e um encerado demarcando a espaço dos atores, a musica composta por ruidos do quotidiano, em sua maior parte, o acerto de varias cenas, como a composição da fabrica em que atores formam as maquinas no seu movimento repetitivo, dão credito ao diretor Beto Ruas e ao elenco oriundo do Departamento de Arte Dramática da UFRGS num acertado caminho de pesquisa de uma renovadora linguagem cênica.

Duas estréias promissoras no teatro: do autor e do diretor

OESP
14 de março de 1979

A temporada teatral paulistana, depois do impacto do mês teatral do Município e do projeto Mambembão, em janeiro e fevereiro, começa a se recuperar, ainda que lentamente, pois temos cerca de 12 espetáculos em cartaz, contra 35 em dezembro. O teatro infantil parece que reagiu melhor, pois está com 13 encenações, sendo que nove são estréias deste ano.

Mas se a quantidade ainda não é grande, a qualidade está presente nas primeiras estréias (até agora apenas cinco) e, principalmente, em alto nível nesta apresentação de *Nó Cego*, de Carlos Vereza, vinda de uma temporada de sucesso nos palcos cariocas. O espetáculo, que estreou no Teatro Experimental Eugênio Kusnet para um curto período, mas que certamente se prolongará, pois o pequeno antigo Teatro de Arena tem estado lotado desde a estréia, mostrando que o nosso público já tem um instinto desenvolvido para uma boa escolha, apresenta a novidade de duas estréias para nós, de dois artistas que já ganharam renome em outros setores: Carlos Vereza, ator conhecido, mostra o seu primeiro texto dramático e Marcos Flaksmanm cenógrafo premiado, realiza sua primeira direção. Ambas, as estréias, diga-se logo, altamente promissoras, revelando para o nosso teatro um novo e talentoso autor e um seguro diretor teatral.

A peça de Vereza conta com dos personagens presentes, dois homens do povo, um soldado, obrigado a cumprir sua missão que lhe desagrada, em conflito consigo mesmo, pelas suas idéias de justiça em contradição com as funções que lhe são determinadas, e um pobre negociante de objetos usados, livre o quanto lhe permite a sua pobreza, realista mas capaz de tomar decisões quando necessário. Ligados por uma certa amizade, pela origem comum, por negócios não muito legais e, principalmente, pela posição fundamental, ainda que não consciente de resistência a uma estrutura e poder que se revelam discricionários, os dois personagens dialogam, confraternizam, brigam e acabam por chegar a uma decisão final, em que o choque da ambigüidade de um contra a definição do outro determinar a tragédia. A complexidade psicológica dos personagens, a sua conflituada contradição, e principalmente, a falta de maniqueísmo e de idealização romântica da bondade popular, são qualidades do texto, notáveis num autor estreante. Mas a peça adquire dimensão maior se pensarmos nos personagens ausentes, o enforcado inocente e os detentores de um arbitrário, que no seu simbolismo permitem ao público toda uma série de aplicações a situação atuais (a peça se passa no séc. XVIII).

O diretor Marcos Flaksman estréia revelando uma capacidade de obter um ritmo dramático, rara mesmo em diretores mais experientes. Sem temor de utilizar os silêncios (os quinze minutos iniciais do espetáculo são praticamente sem falas), auxiliado pela sua própria cenografia, cuidadosamente calculada cenas de desmontagem da força, pela excelente música de John Neschling e pela iluminação de Jorginho de Carvalho, o novo diretor já se mostra seguro e responsável pelo alto nível da encenação. Os outros responsáveis são os intérpretes, Carlos Vereza com um papel menos espetacular e mais difícil, ao qual o seu talento empresta a profundidade necessária e expressa o conflito decorrente da sua ambigüidade, e Francisco Milani, num personagem mais característico, de mais fácil comunicação com o público, e que ele explora no limite máximo de suas possibilidades. Ambos nos dão duas melhores interpretações que vimos ultimamente em São Paulo.

Um teatro original. E de nível universal

OESP
05 de maio de 1979

O fato de que, no momento, nada menos de três peças de Plínio Marcos, talvez dos autores nacionais mais proibidos nos últimos anos, estão em cartaz nos teatros paulistanos, pode não ser ainda a propalada "abertura", mas é um acontecimento auspicioso para o nosso público. Afinal, Plínio Marcos é um dos mais importantes autores da moderna dramaturgia brasileira e a sua proibição era um atentado ao nosso desenvolvimento teatral. Resta esperar que não se trate de uma coincidência, mas realmente de uma retomada da liberdade de expressão artística, essencial à vida cultural e à autonomia de qualquer povo.

O Teatro de Arena de Porto Alegre obteve, há cerca de três anos, um grande sucesso em São Paulo com sua montagem *Mockinpott*, de Peter Weiss, da qual nos ficara, entre outras qualidades, a lembrança de um ator excelente. Miguel Ramos em *Pepino*, que por sinal está presente na atual encenação. A escolha de um texto, agora de Plínio Marcos, para a sua nova temporada em São Paulo, demonstra que o grupo gaúcho mantém uma linha e uma orientação de alto nível nas suas atividades.

Plínio Marcos em suas pelas, além do realismo evidente dos personagens e do conflito dramático, sempre procura extrapolar para um simbolismo mais amplo, atingindo as estruturas sociais, o sentido da sua obra teatral. Em *Jornada de Um Imbecil até o Entendimento*, peça que, se não nos enganamos, é das primeiras do autor, o simbolismo é assumido inteiramente ao colocar em cena palhaços-mendigos e seus patrões, discutindo as relações do poder, no caso o econômico mais que se pode ampliar para o político. Se há uma certa ingenuidade na mitificação do líder revoltado contra a situação e uma dose de simplificação na tomada de consciência final pelo povo (simbolizado por Popó) bem como uma injustiça preconceituosa no papel do poder religioso (a revolução no Irã está aí como exemplo), a fábula funciona em termos teatrais e atinge os seus objetivos.

A direção de Jairo Andrade, contando com um bom elenco, mantém um ritmo intenso, com um bom jogo de iluminação e definição dos personagens, numa tragicômica. Interessante a descaracterização dos tipos, afastando-se do acento de palhaço para definir mais como mendigo, exceto exatamente no que representa o povo. Aqui, talvez, tenha havido erro, pois o conceito de palhaço é intelectual e paternalista para caracterizar o povo, o que verificamos num espetáculo feito em praça pública em que nos debates os populares reagiam contra essa imagem.

Os atores está todos num nível excelente, especialmente o próprio Jairo de Andrade em *Teço*, e Miguel Ramos, desta vez numa linha oposta ao patético do seu personagem anterior. Mas José Gonçalves, Clarice Muller, exuberante e dengosa, Jesus Tubalcain e Clênia Teixeira, demonstram um entrosamento que somente pode ser resultado de um intenso trabalho de equipe. O cenário ingênuo, de linha circense, de João das Neves e os figurinos de Marlise Saueressig, são outros elementos que resultam num espetáculo que faz jus à lembrança que o Teatro de Arena de Porto Alegre deixara em São Paulo.

Um testemunho com boas interpetações

OESP
17 de julho de 1979

Os novos ventos de abertura estão permitindo, no teatro, que muitos textos e autores que se conservam inéditos, seja pela censura oficial, seja como decorrência do clima restritivo então dominante, apreçam agora nos nossos palcos. Muitos desses textos são obras de grande importância, que nos foram sonegados, outros realmente poderiam continuar nas gavetas, mas o importante é que o direito inalienável do dramaturgo de ver sua peça encenada esteja sendo exercido, permitindo o único meio de avaliação, pelo autor e público, das suas qualidades.

Uma das características predominantes nessas antigas e, para o público, novas peças é o sentido de testemunho da realidade brasileira nesse período, tornando-se não somente um registro histórico, mas, principalmente, devolvendo ao teatro a sua função fundamental de expressão social. *Sinal de Vida* de Lauro Cesar Munis e *Oração Para um Pé de Chinelo* de Plínio Marcos, recentemente encenadas, estão nessa linha de contribuição. Agora Leilah Assunção, ao comemorar dez anos de sua estréia como autora, com *Fala Baixo Senão eu Grito*, peça que transcendeu os limites do teatro nacional, apresenta seu primeiro texto, de 1964, com o extenso título *Vejo um Vulto na Janela, Me Acusam que Eu sou Donzela*, um testemunho do período vivido em 1963/64.

O principal problema do texto, porém, está em ser apenas um testemunho, quase como se fora a apresentação de um diário, se que houvesse uma maior estruturação dramática. Os personagens, seis hóspedes de um pensionato feminino, a dona e a empregada, vivendo o período crítico de 1964, são estereótipos, representando os vários tipos de posições e pensamentos da época, faltando-lhes uma força e um delineamento teatrais. Como resultado, os conflitos e a ação se tornam também estereotipados, chegando mesmo à incredibilidade cênica. Por outro lado, a história é excessivamente contada, perdendo-se em pequenos incidentes, numa forma discursiva. Golpes de efeito, como a descoberta do passado da dona da pensão, e seu esconderijo, se perdem sem um aproveitamento posterior. Tudo se passa como se nada do que acontece em cena tivesse qualquer importância, o que dá ao texto uma superficialidade diluidora do valor do seu testemunho.

A direção de Emilio de Biasi peca por não ter tido coragem de reduzir o espetáculo pela metade, o que, talvez, dessa maior força à peça. O resultado positivo, porém, são as interpretações de Yolanda Cardoso, Ruthinea de Moraes, Eugênia de Domênico e Claudia Mello, que conseguem superar a indefinição dos personagens. O cenário de Flávio Phebo, entre o naturalismo e o realismo impressionista, acompanha o texto.

Os intérpretes, perfeitos na transfiguração do caipira

OESP
9 de setembro de 1979

Um espetáculo expressivo de nossa cultura popular.

O aproveitamento do folclore brasileiro é um dos mais importantes caminhos para um teatro verdadeiramente nacional (não o único, evidentemente). A transposição para o palco, em termos de teatro erudito, da cultura espontânea do nosso povo, nas várias manifestações, e dando a dimensão universal, poderá determinar a formação de uma dramaturgia que corresponde à nossa expressão característica, e, nesse sentido, verdadeiramente popular.

É preciso, porém, algumas cautelas, entre outras as seguintes: lembrar que o teatro folclórico é a expressão dramática feita espontaneamente pelo povo, nos seus próprios locais, sem a interferência direta da cultura erudita ou de massa. A transposição é um teatro feito por autores, diretores, atores e cenógrafos que preparam seu espetáculo com conhecimento premeditado. Assim, não se pode dizer, nesses casos, que se está fazendo teatro folclórico, como muitos que desconhecem o assunto costumam chamar (até mesmo uma apresentação de cultura indígena no Municipal foi chamada de folclórica!). Em segundo lugar, lembrar que folclore abrange todos os aspectos da nossa cultura espontânea e não somente danças, música, folguedos dramáticos, como, por exemplo, o turismo costuma delimitar. E que pertence e é expressado por todas as classes sociais e todos os níveis de instrução, não sendo apenas o pitoresco da população pobre.

O pessoal do Vitor, hoje ligado ao Centro de Teatro da Unicamp, deixando a dramaturgia estrangeira, que até então lhe tinha servido de apoio, resolveu pesquisar a nossa cultura caipira, cultura paulista difundida pelos tropeiros em todo Brasil, para realizar um teatro de aproveitamento do nosso folclore, nesses termos colocado o espetáculo, sem confundir os termos, o que atende à primeira daquelas condições. Também não ficou apenas nas expressões públicas, mas a encenação abrange a linguagem, os usos e costumes, ritos de passagem, credencies e superstições religião folclórica, atividades extrativas, caça, agricultura, romanceiro, música, dança, incluindo a aculturação européia, indígena e africana que formaram o nosso folclore, numa compreensão ampla do que se entende por cultura espontânea. Somente se pode lamentar que a proposta tenha ficado mais no histórico, esquecida que o folclore é a manifestação cultural de agora, com todas as modificações de novas aculturações e que o nosso caipira, com todas as influências modernas, tenha reelaborado suas formas de expressão. Também a visão literária e antropológica, sem apoio na ciência do Folclore, limita a pesquisa, ainda que o etnocentrismo cultural de Monteiro Lobato, que lhe impediu de compreender a nossa cultura caipira, tenha sido acerradamente ironizado.

Na Carreira do Divino, título que não se refere às Folias, Bandeiras ou Festa do Divino, mas à rima fixa do Cururu, que se denomina "carrera", resultou, apesar do enfoque literário e histórico, num espetáculo expressivo da nossa cultura popular, num teatro erudito, que é o que pretende ser, de algo nível artístico, pelo trabalho entrosado e homogêneo do autor Soffredini, do diretor Paulo Betti, que mais uma vez demonstra seu talento para a direção, do cenógrafo e figurinista Márcio Tadeu, campo em que mais revela suas qualidades artísticas e dos, e dos perfeitos intérpretes, que se transfiguram nos nosso caipira, sem esquecer a excelente transposição musical de Wanderley Martins. Em todos os sentidos, um espetáculo da maior importância para o nosso teatro.

Chico Buarque: compositor, sim. Dramaturgo, não.

OESP
31 de outubro de 1979

Com a estréia de *Ópera do Malandro* refundida, recauchutada, acrescida de duas novas músicas, mudada a época, verifica-se uma vez mais que Chico Buarque de Holanda é um dos maiores compositores e versificadores da música brasileira, mas não é um bom dramaturgo *Roda Vida* teve sucesso além das músicas, por motivos de ocasião, e *Gota d'Água* contou com o conhecimento técnico de Paulo Pontes. *Ópera do Malandro*, com a inegável qualidade musical de Chico, será certamente um sucesso de público, como foi no Rio, sem que isso significasse qualidade teatral.

O tema vem de John Gay (1685-1732), autor inglês que escreveu *A Ópera do Mendigo* (The Beggar's Opera) como uma sátira às aristocracia do seu tempo, cujos negócios não se diferenciavam do modo de agir dos marginais. A peça foi apresentada no TBC, em 1950, com o título de *A Roda dos Malandros*, dirigida por Ruggero Jacobbi e, ao contrário do que se pensa, contou com grande público, saindo de cartaz por pressões da alta sociedade da época. Bertholt Brecht, com a música de Kurt Weill, fez uma adaptação de 1928 da obra de Gay, com o título de *A Ópera dos três vinténs*, mantendo o esquema mas mostrando o mundo marginalizado como produto da estrutura burguesa. A peça serviu para a inauguração do Teatro Ruth Escobar, sala Gil Vicente, sob a direção de José Renato e cenografia de Flávio Império, em dezembro de 1964.

O texto de Chico Buarque de Holanda, se aproxima mais da obra de John Gay, já que pretende mostrar a sociedade de burguesa, política e financeira, como semelhante e o submundo do contrabando, da prostituição e das drogas aproveitando-se dos seus resultados. Durarnd, Chaves e Overseas são, ao mesmo tempo, produto e manipuladores de uma estrutura em que o único valor é o dinheiro, adaptando-se aos novos tempos das multinacionais, de modo a fica sempre na crista. Esse é o sentido do forçado "happy-end", que se encontra também em Brecht. Só que a falta de um aprofundamento dos personagens, a distorção acentuada dos tipos, a linha monotônica dos caracteres, torna a caricatura excessivamente caricata.

Essa caricatura, para o grotesco, que a direção acentuou no espetáculo (e sabemos que desde 1827 já os românticos defendiam o belo do grotesco) torna ainda mais distante, pela inverosimilhança, o conteúdo. Aqui, também, o distanciamento foi excessivo e se não há dúvida de que o submundo é feio, é preciso não esquecer que se trata de gente, sejam prostitutas ou travestis, mesmo simbolizando a burguesia dominantes. Finalmente, o que o espetáculo tem de qualidade está no elenco, especialmente Tânia Alves e Walter Breda que, sabendo cantar, dançar e sendo bons atores até que sem a oportunidade merecida) mantém o interesse de suas cenas. Marlene está em forma, física e teatralmente, mas tem pouca chance. Os demais cumprem o que lhes pediu a direção, num espetáculo longo e cansativo, mas que deverá entusiasmar pelos aspectos de anticultura, os adolescentes de todas as idades.

Mambembão: mais surpresas

OESP
2 de fevereiro de 1980

O Projeto Mambembão deste ano vem nos reservando sucessivas surpresas: quando se pensa que o último espetáculo atingiu o ponto mais alto, surge uma nova encenação também extraordinária. Depois do *Baile Pastoril da Bahia* vem agora de Pernambuco, não do Recife mas de Caruaru, o Grupo Folguedo de Arte Popular com *O Auto das Sete Luas de Barro*, de Vital Santos, um espetáculo completo, capaz de satisfazer todas as exigências teatrais.

Vital Santos é conhecido do nosso público, pois além de "Rua do Lixo, 24", apresentado no Mambembão-78, vimos o excelente *A Árvore dos Mamulengos*. Em *O Auto das Sete Luas de Barro*, Vital Santos é não somente autor do texto mas também responsável pela direção, iluminação, cenários e figurinos, segundo o programa (já que o livreto do SNT credita a iluminação a Manoel Alves, figurinos a Iva Araújo e cenários em conjunto com Alcimar Vólia), realizando um espetáculo integrado e excepcional. Não fazendo uma montagem de transposição do folclore, ainda que com aproveitamento de músicas, folguedo, cordel, mas sobre o folclore, apoiando-se na figura de Mestre Vitalino, famoso pelas suas figuras de barro, também poeta e músico popular, que morreu de varíola na miséria, apesar de toda fama, retrato da nossa arte, Vital Santos obteve um excelente resultado.

O espetáculo consegue integrar e manter duas linhas principais, a apresentação cênica bem realizada e o teatro de mensagem, quase sempre divorciados nas nossas montagens habituais. Cenicamente a realização é perfeita, visualmente bonita, com uma grande criatividade, em que as invenções se sucedem: o boi e o cavalo se transformam numa mesa de jantar, os pratos de comida são luas e o fogo a seguir escudos, e assim por diante. Quando se pensa que a criatividade se esgotou surge uma nova elaboração, sempre bonita. Os figurinos, na cor do barro, permitem toda a transformação determinada pela luz, das melhores que temos visto inclusive no uso da cor, sendo surpreendente, apesar de esperados, os efeitos da representação dos bonecos pelos atores. A música de Jadilson Lourenço é outro elemento de grande beleza. Com atores que sabem cantar, dançar, de uma grande expressividade corporal e dentre os quais não é possível destacar nenhum nome pela integração de todos, o espetáculo mantém permanente interessante. Na outra linha, a temática da pobreza, da exploração pelo comércio, pelo turismo e pela "intelectualidade" que com eles se enfeita, dos nossos artistas populares, e integralmente apresentada, sem precisar apelar para farrapos ou lixo cenográfico. O que é mais uma qualidade e uma lição para os nosso jovens encenadores "ideológicos".

O Dia da Caça, a violência em uma peça bem realizada

OESP
11 de janeiro de 1980

O Mês Teatral, habitualmente promovido pela Secretaria Municipal de Cultura em janeiro, este ano compreende 18 espetáculos para adultos e 11 de teatro infantil, começando a superar o inconveniente, já que abrange a maioria das encenações em cartaz, de concorrer, numa época difícil, para prejudicar as companhias não incluídas na promoção. O ideal, evidentemente, seria oferecer ao público todas as montagens (que estivessem interessadas, naturalmente), a preços reduzidos, ajudando o nosso teatro a superar o ingrato mês de janeiro, que ainda tem a concorrência do projeto Mambembão do SNT.

Este ano temos duas novidades, ambas elogiáveis: a inclusão do teatro amador e a estréia de novas produções. Uma das estréia de novas produções. Uma das estréias será *Trivial Simples*, de Nelson Xavier, dia 29 de janeiro. A outra, que passamos a comentar, não é propriamente uma estréia, pois o espetáculo do Grupo Casa Aberta já foi apresentado na Casa do Estudante no final do ano passado. Mas agora começa sua carreira normal.

A peça *O Dia da Caça*, de José Louzeiro, é antes de tudo importante pelo tema, a tortura policial.

Não a tortura de presos políticos, que, pela sua importância e gravidade, ocupou toda a atenção nos últimos anos, mas a tortura de marginais, começando nos ditos reformatórios de menores, fábricas de criminosos, violência que sempre existiu em todos os tempos e países, mas que nem por isso deve ser esquecida e, pelo contrário, deve ser sempre denunciada e combatida. Pois somente uma mentalidade deformada pode esquecer o ser humano no marginal e a responsabilidade social que induziu a marginalidade.

José Louzeiro coloca uma situação limite em cena: dois marginais capturam um policial, responsável pela tortura e morte de companheiros e realizam a sua vingança. O texto tem força dramática e utiliza a linguagem adequada aos personagens, lembrando Plínio Marcos. Apenas nos parece que, dentro do clima tenso, não é muito verossímil a longa demora na execução do policial, principalmente depois da volta de um dos marginais agonizante mas com o dinheiro prometido, sendo um pouco repetitiva a longa recordação das violências praticadas pelo tira.

A direção de Valter Padgurschi, num espaço cênico quase despedido, consegue transmitir o clima de violência e desespero dos três personagens, apenas quebrado pelo distanciamento nos monólogos, diretamente ditas para o público. Na interpretação, Leonardo Camilo, em cena o tempo todo, revela a força necessária para concretizar a ação bem secundada por Sidney Estevam e Carlos Cambraia, este prejudicado pela colocação de voz, que lhe tira a autoridade necessária.

Baile Pastoril da Bahia, o ponte culminante do Mambembão

OESP
27 de janeiro de 1980

O Projeto Mambembão este ano parece atingir plenamente seus objetivos, apresentando espetáculos de pesquisa e aproveitamento de manifestações culturais de várias regiões brasileiras. E, sem dúvida, a representação de "O Baile Pastoril da Bahia", no Teatro Maria Della Costa, pelo grupo formado por ex-alunos da Universidade da Bahia, se constitui num dos seus pontos culminantes.

O Baile Pastoril é um dos folguedos folclóricos do ciclo de Natal, juntamente com os Ternos de Reis, Reisados, Bumba-Meu-Boi, Chegança, além e festas tradicionais de Salvador, como a Procissão do Bom Jesus dos Navegantes e a festa do Senhor do Bonfim. Sendo uma manifestação bastante difundida no sertão baiano, especialmente na região norte do Estado, não se restringe mais estudada, com indevida generalização para caracterizar o folclore baiano. De aculturação européia, o que desmente a preconceituosa posição dos que só vêem na cultura popular os elementos africanos e indígenas, tem a forma de uma representação teatral, formada a manifestação por vários "bailes", cada um deles com um ema, constituindo um verdadeiro quadro dramático independente, ligados entre si pela presença permanente das pastoras e pela temática de homenagem ao Menino Jesus, já que era apreesentado em casas particulares, diante do presépio ou lapinha. Os seus quadros mais habituais são o baile das Fliores, do Carneiro, do Meirinho, do Filho Pródigo, da Cachaça, do Despotismo, da Caridade, sem esquecer os mais antigos do Galego e das 4 Partes do Mundo. Muitas vezes, o Baile – ou Bale como pronuncia o baiano no interior – vinha acompanhado de um Terno, como o Terno da Bejaflô, com seu estandarte, referido por José Nascimento de Almeida Prado, na sua excelente pesquisa sobre o assunto.

Sendo a sua forma dramática, o que tem levado os folcloristas a denominar os folguedos da cultura espontânea de teatro popular, talvez a mais correta e adequada expressão para o termo "popular" em teatro, a sua transposição para o teatro erudito fazia-se necessária, e este é o primeiro valor do trabalho de Nelson Araújo e Roberto Vagner Leite, responsáveis pela coleta e texto final, sendo o último também diretor. O aproveitamento do folclore – apesar do diretor demonstrar um inexplicável preconceito contra o termo – é uma das formas de se chegar a um teatro brasileiro. Mas o espetáculo vale por si, pela alegria e vivacidade, pela fidelidade ao simples e ao ingênuo característicos das manifestações populares, pela qualidade dos atores, que sabem cantar e dançar, pelo colorido das roupas, pelo teatralismo dos telões inspirados nos espetáculos circenses, pelo aproveitamento musical.

Um jogo cômico sem maiores preocupações

OESP
16 de março de 1980

A estréia de *Pato com Laranja* marca o retorno a São Paulo de dois nomes que já fazem parte da historia do nosso teatro: Adolfo Celi, o primeiro dos diretores italianos importados pelo TBC, responsável por grandes encenações que contribuíram para a renovação teatral brasileira e hoje nome internacional de cinema; Paulo Autran, carioca de nascimento mas que se criou em S. Paulo e aqui iniciou sua carreira teatral, marcada por grandes interpretações, mas também hoje popularizado por outro meio de comunicação, a novela televisionada. Ambos constituíram com Tonia Carrero uma companhia teatral que tem seu lugar assegurado na evolução da arte cênica entre nós. O seu reencontro, porém, merecia um espetáculo de importância maior que o atual.

Claro que Paulo Autran tem todo o direito de encenar uma comédia digestiva, respeitadas as regras mínimas de uma boa montagem, saudoso, como declarou, de fazer o público rir, já que a televisão não lhe permitia o contacto direto com a platéia. Também no grande desenvolvimento teatral paulista, uma comédia comercial bem-feita tem o seu lugar e o seu público. As risadas, os aplausos e a superlotação do espetáculo que assistimos dão inúmeras razões à escolha, que poderia ser discutida em outros termos, o que não cabe nos nossos limites.

Pato com Laranja atende inteiramente aos objetivos da montagem e certamente terá uma longa carreira, pois o público, ao contrário do crítico, não assistiu a centenas de textos semelhantes. William Douglas Home sabe estruturar uma comédia, tem diálogos divertidos e maneja bem os personagens. A direção de Celi consistiu em transpor esses elementos para o palco e obter um ritmo adequado, que se mantém na remontagem paulista, depois de um ano no Rio. Dos atores, para esse tipo de comédia, se exige um à vontade em cena, difícil de ser obtido e que depende de uma grande tarimba teatral. É o que não falta ao elenco, especialmente Paulo Autran e Tônia Carrero correndo no tempo certo, o jogo cômico.

A encenação é bonita e luxuosa. Mas certamente Guilherme Guimarães é improvisado em figurinista e cenógrafo, pois mesmo numa comédia sofisticada, a indumentária e o cenário devem cumprir suas quatro funções teatrais. Assim, não se compreende que uma secretária desfile cinco modelos num fim de semana e que o cenário, que parece ter saído de uma revista de decoração, sem nada a ver com a peça, não tenha sido precedido de um elementar estudo e visibilidade.

A realidade cultural do Interior, sem caricatura

OESP
23 de março de 1980

Ato Cultural, o espetáculo que o Grupo Engenho de Teatro está apresentando na Sala Guiomar Novaes nos surpreende, causando uma sensação de estranheza até que entremos no espírito do texto. De fato, com a temática de uma sessão de pretensiosa academia cultural de uma cidadezinha do interior, a expectativa é de uma encenação cômica, na linha da caricatura, a exemplo de *Folias Bíblicas* do Grupo Pod Minoga, de 1977. Entretanto, o que pretende José Cabrujas, autor venezuelano pela primeira vez montado entre nós, é muito mais o exame da problemática humana, da solidão, do vazio, da falta de perspectivas de uma pequena cidade interiorana, brsileira ou venezuelana, inutilmente mascarada pela atividade cultural, caricaturada dos grandes centros e desligada da sua realidade. E, diga-se logo, o Grupo Engenho de Teatro conseguiu incorporar e transmitir essa intenção do autor.

O teatro latino-americano, de língua espanhola, é pouco conhecido no Brasil. Só recentemente alguns dramaturgos foram encenados, especialmente José Triana, cubano, o colombiano Enrique Buenaventura, que fez parte tam´bem do espetáculo Apenas América de Roberto Vignati, que apresentava, ainda, dois peruanos e um texto de vários argentinos, em 1978. Assim, a escolha de um autor da Venezuela já é uma contribuição do grupo carioca, aqui reforçado com atores paulistas.

A adaptação de Marcos Fayad e Aidé Saran, transpondo a peça para uma pequena cidade brasileira, foi feliz já que a problemática é universal por tratar da condição humana, sufocada nos pequenos núcleos urbanos, descaracterizados pela imitação e imposição dos modelos dos centros mais sofisticados. Se economicamente temos grandes semelhanças com os paises de língua espanhola, culturalmente há diferenças determinantes, decorrentes da nossa aculturação complexa, européia, indígena, africana e asiática. No caso, porém, a transposição funciona perfeitamente.

Na direção, Marcos Fayad optou, inteligentemente, pela linha realista, já que o caricato não se enquadrava nas intenções do autor. Apenas a representação dentro da representação do personagem "Purificação" escorrega para a caricatura, pouco integrada nas outras interpretações. Da mesma forma, o cenário de Romero Cavalcanti e Henri Pagnoncelli e os figurinos de Mimina Roveda procuram uma reconstituição realista, copiando o mau gosto e o "caipirismo" característicos. Na interpretação, o próprio Marcos Fayad segue essa linha ao evitar por exemplo no discurso, o tom farsesco. Denise Del Vecchio, Henri Pagnoncelli, Jalusa Barcellos, Reinaldo Maia e Christina Rodrigues, compreenderam e realizam o sentido do espetáculo.

O recomendável e o óbvio em mais duas comédias em cartaz

OESP
2 de abril de 1980

Os tempos parecem que são para comédia: cerca de quinze das vinte e cinco peças em cartaz pertencem a esse gênero, e os dois maiores sucessos de bilheteria do momento, "Tem um Psicanalista em nossa Cama" e "Pato com Laranja", não têm outro objetivo senão divertir o público. O assunto mereceria um estudo sócio-político que não caberia aqui, mas o fato é que os produtores estão sentindo a onda e aproveitando o interesse do público. Assim, duas novas comédias estrearam nos nossos palcos.

A encenação de *Elas Complicam Tudo* tem, inicialmente, o grande mérito de conquistar um novo espaço para o teatro, o auditório do centro de convivência do Hotel Hilton, já utilizado uma vez para musicais. Tratando-se de uma confortável sala, com ar condicionado surpreendentemente silencioso, poltronas estofadas e um palco de dimensões razoáveis, esperemos que a conquista seja definitiva. Quanto ao texto, não é propriamente novo, pois já foi montado há cerca de dois anos, com o título de *Vem Com Tudo*. Ênio Gonçalves reviu a peça, dando-lhe sofisticação maior e certa atualização. Se certas incoerências, a superficialidade e as dificuldades de apenas dois personagens, não chegam a ser superadas, o texto funciona como uma comédia de situações que atinge o seu objetivo cômico.

A direção de Kiko Jaes mantém o tom leve, adequado a esse tipo de peça, correndo o espetáculo fluentemente. Os dois intérpretes têm o físico exigido para um par romântico, capaz de satisfazer visualmente a platéia. Maria Isabel de Lizandra, além do mais, consegue dar ao personagem o tom acertado, uma mistura de ingenuidade e senso prático, sob a superfície de uma mulher desprovida de preconceitos, sem cair na caricatura. Quanto a Mário Gomes, vindo da televisão, mostra-se à vontade em cena, apenas prejudicado por um arrastar excessivo nas frases, num naturalismo empostado, que resulta, ao contrário, num certo artificialismo de expressão, defeito, aliás, facilmente corrigível. Clodovil veste bem o personagem feminino e Flávio Phebo compõe um belo apartamento, do qual apenas discutiríamos se corresponde ao de um jornalista pobre, ainda que adequado à proposta do espetáculo, que é superficialmente bonito e divertido.

No Teatro Alfredo Mesquita, um humorista gaúcho se apresenta como autor e ator, num monólogo cômico que se trata dos problemas sexuais de um casal, numa tentativa de tornar o texto uma fábula sobre o casamento. Renato Pereira, como autor, porém, fica apenas no óbvio, a começar pelo trocadilho do título *A Exposa*, com "x". como ator, sua interpretação é razoável, chegando a divertir. Apenas o espetáculo é excessivamente longo, e um corte de meia hora seria recomendável.

D. Rosita: no palco, um Lorca com muita poesia

OESP
9 de maio de 1980

Do poeta Garcia Lorca, talvez a mais poética de suas peças de teatro seja *D. Rosita, a Solteira* em cartaz no Teatro Paiol, com seu subtítulo *A Linguagem das Flores* e que ele mesmo denominou como *"um poema granadino dos novecentos, dividido em vários jardins, com cenas de canto e dança"*. Naturalmente com a grande sensibilidade social de Lorca, esse poema dramático não poderia ficar apenas no lírico. Assim, afloram as referências ao contexto social da Espanha, eterno motivo do genial dramaturgo, assassinado pela opressão. A situação da mulher, depende da vontade masculina, numa sociedade machista, a necessidade da aparência numa sociedade burguesa, com as solteironas preferindo a cadeira na calçada a uma boa alimentação, ou D.Rosita se mudando à noite para não ser vista pelos vizinhos, o bom sendo do povo pelas observações da ama, a inadequação do artista, o tio, a uma sociedade capitalista deixando a família na miséria. Poder-se-ia, mesmo, pensar numa dimensão simbólica, em que a espera de D. Rosita significasse o estéril imobilismo de todas esperas. Mas o importante do texto é a sua força poética, que suplanta o que poderia parecer desatualizado na história de uma moça aguardando o noivo por vinte e cinco anos. Pelo toque de gênio de Lorca, o texto permanece vigoroso mesmo para as platéias modernas.

Não representada em São Paulo pelo que sabemos, desde a montagem da EAD em 1955, a peça mereceu de Antonio Abujamra uma encenação que respeita sua qualidade poética, num dos mais belos espetáculos em cartaz, no momento. O diretor não cedeu à tentação de "modernizar" o texto, ou lhe dar outras conotações. Os cortes feitos, como dos personagens Don Martin e do Catedrático, a localização numa cena única, não prejudicaram e até concentram a poesia, reforçada, na encenação, pela luz e pela excelente música, de inspiração espanhola, de Paulo Herculano. As cenas muitas vezes são marcadas como uma coreografia, e, naturalmente, a festa do final do 2º ato, revelando a inspirada participação de Clarisse Abujamra. Já Campello Netto volta ao teatro com um belo cenário, na linha do realismo impressionista, e aproveita os figurinos para uma demonstração de criatividade, que vai dos discretos vestidos dos personagens centrais, ao tom farsesco das figurantes.

Nicette Bruno comemora seus trinta e três anos de teatro com uma interpretação vigorosa e emotiva, marcando a evolução do personagem. A autoridade cênica de Márcia Real, a ironia de Paulo Goulart, a comunicabilidade de Vic Militello, a discrição de Kito Junqueiro, a expressividade dos demais dão um quadro interpretativo à altura da peça de Lorca.

Qualidade cênica, um belo espetáculo: *D. Quixote*

OESP
7 de junho de 1980

A temporada do Teatro Experimental de Cascais, Portugal, que se iniciou com a apresentação de *D. Quixote* na quinta-feira e se prolongará até o dia 22 de junho, é um dos acontecimentos mais importantes do ano teatral, por vários motivos. Em primeiro lugar, porque se efetiva o intercâmbio cultural com o país irmão, até agora apenas realizando pela exportação de novelas televisionadas. Em segundo, pela qualidade do grupo que nos vem de Portugal, que há 13 anos vem trabalhando num plano de experiência teatral, fecundo e de alto nível, sendo responsável pelas melhores montagens portuguesas nesse período. Finalmente, porque, assim como nós, o grupo sofreu todas as injunções da censura, essa expressão neurótica de todas as ditaduras.

A explicativa em torno do TEC foi plenamente satisfeita com o espetáculo de estréia. Escolhendo a adaptação do autor francês Yves Jamiaque de *D. Quixote*, sem temer as dificuldades de uma grande encenação com 52 personagens e inúmeros deslocamentos da ação, o TEC estreou impondo a sua qualidade cênica num belo espetáculo.

Cervantes, ao contrário de Lope de Veja, esperava permanecer na posteridade, pelo seu teatro.

Entretanto, sua dramaturgia, apesar de períodos de valorização, como a dos pré-românticos alemães, não justificaria mais que uma citação na história teatral. Mas Cervantes escreveu *D. Quixote*, uma das obras-primas da cultura universal, que estranhamente possui uma força dramática, explicando as inúmeras adaptações teatrais. Como toda obra do gênio, *D. Quixote* permite um grande número de interpretações. Yves Jamiaque, abandonando a tradicional sátira às instituições esvaziadas do seu conteúdo, no caso a Cavalaria, que pode simbolizar em qualquer época os sistemas que sobrevivem ao seu momento, preferiu acentuar o caráter messiânico de D. Quixote, capaz, inclusive, de convencer ao prático Sancho Pança da necessidade de se manter o bom combate pela Justiça, Liberdade e Paz, mesmo quando toda luta parece inútil ou perdida. Esse, o grande valor do texto adaptado, que é enfatizado pela montagem do TEC.

Carlos Aviles enfrenta as dificuldades de coordenar mais de 50 personagens, com atores duplicando seus papéis, de uma maneira criativa e de grande efeito visual. Sua utilização da luz, como elemento dramático, é sempre funcional. Mas o grande valor está no ritmo solene, na composição literária de cenas chaves, que se contrapõem, muitas vezes, à linguagem vulgar das jolas, num contraste que valoriza e acentua as intenções do texto. Contando com um dispositivo cênico simples, de João Vieira, que permanece quase todo o espetáculo com a maneabilidade dos cenários formalistas (apenas o prólogo tem uma cenografia expressionista), o diretor pode-se movimentar e situar os diversos episódios com facilidade, além de obter efeitos visuais, auxiliado pelos imaginosos figurinos.

O elenco responde às exigências da encenação, com eficiente qualidade interpretativa, sendo difícil destacar nomes. Entretanto, a figura majestosa e visionária, dada ao D Quixote por Antonio Marques, o Sancho pragmático, que aos poucos se transforma, de Ruy de Matos, o taverneiro de João Vasco, são interpretações marcantes dentro de uma representação que se valoriza pela homogeneidade dos atores num trabalho realmente de equipe.

Nos palcos da cidade, 4 remontagens

OESP
13 de junho de 1980

Num momento em que a dramaturgia brasileira domina quase totalmente os nossos espetáculos, vários textos já experimentados nos palcos estão sendo remontados.

Viva o Cordão Encarnado de Luiz Marinho, que teve quatro montagens, a primeira em 1950 e a última há cinco anos, em S. Paulo, é retomada no Teatro Cenarte por Otto Prado (que já a realizou duas vezes no Recife), num espetáculo delicioso, não somente pelo aproveitamento da nossa cultura popular, mas pelo dinamismo e comicidade da encenação. Conhecendo o Pastoril, manifestação folclórica do ciclo de Natal, Otto Prado conseguiu recriar um ambiente de alegria, sátira e espírito cômico, a começar do hall do teatro, onde foi montada uma barraca com comidas e bebidas características do Nordeste, e onde um trio musical nordestino anima o público a dançar, transpondo a animação popular para o palco, contagiando a platéia. O erspaço cênico e figurinos de Otto e Alna Prado, a música ao vivo com o Trio Nortista dirigido por Jonas Andrade, todo elenco que aprece não representar mas viver as cenas do primeiro ato e o folguedo do Pastoril no segundo, resultam num espetáculo excelente na sua alegria, a que não falta a crítica social.

No Começo é Sempre Difícil, Cordélia Brasil, Vamos Tentar Outra Vez é a peça de Antonio Bivar que fez um certo movimento há 13 anos, quando estreou com Norma Benguel. Proibida pela censura, é agora liberada e encenada no Teatro Mesquisa, com o título simplificado para *Cordélia Brasil*. Compreendemos que, na época, o tema da mulher liberada e o marido dependente e conivente, inclusive com a segunda profissão da esposa exercida nas ruas, e a mais rendosa, tenha parecido ousado. Hoje, a peça nos parece datada, permanecendo, entretanto, o enfoque original de um certo realismo fantástico, pois não se pode aceitar realisticamente o desenvolvimento do texto. Na encenação de Thanah Correia esse aspecto se perde e o final parece gratuito. Permite, porém, uma interpretação à atriz, com grande força, o que é aproveitado muito bem por Sandra Barsotti. Paulo Leite, com algum exagero histriônico dispensável, acompanha bem a primeira atriz, mas Felipe Von Rhein se apóia em uma mímica estereotipada, que chega a parecer farsesca, prejudicando o personagem. Cenário e figurinos de Acácio Gonçalves, sem grande inspiração.

Sérgio Jockyman, autor gaúcho, tem, inegavelmente, uma veia cômica. Em *Marido, Matriz e Filial*, atual encenação do Teatro das Nações, conseguiu um bom resultado satírico, aproveitando a linha de Silveira Sampaio, com uma narração exemplificada por dramatizações. Acrescentando as três versões de um triângulo amoroso, do ponto de vista de cada lado, na linha da "verdade de cada um", ao antigo tema do adultério, Jockyman dá um toque que parece original e justifica as inúmeras encenações da comédia. Guilherme Corrêa, que já atuou como ator na peça, dirige com desenvoltura o espetáculo, que depende de bons atores. Ivete Bonfá, com excelente comunicabilidade, Carlos Koppa, no dia em que vimos lutando heriocamente contra uma gripe e rouquidão, e Floriza Rossi, mantêm o interesse da representação, atingindo o objetivo lúdico. O cenário, de realismo simplificado, funciona perfeitamente, não fora Corintho Giachieri um veterano dos palcos.

A peça de Jurandyr Pereira, *Um Chinelo na Cama*, autor mais conhecido no teatro infantil, ainda não fora montada, mas teve várias versões desde 1963. Assim, não se trata de um texto novo. Abordando, também, o problema da vida matrimonial, Jurandyr examina os aspectos psicológicos das relações amorosas, acrescentando elementos de fantasia e deixando ao público, como numa obra aberta, a faculdade de optar por diversas interpretações dos fatos cênicos. Dirigindo a própria obra, num cenário adequado de Beto Krusler, o autor contou com dois atores, Carlos Arena e, especialmente, Artele Montenegro, capazes de vivenciar, dramaticamente, suas propostas dramatúrgicas.

Competência e realização

OESP
15 de junho de 1980

A apresentação de *D. Quixote* pelo Teatro Experimental de Cascais foi um belo cartão de visitas do grupo português que se apresenta, para uma temporada de duas semanas, com seis montagens, pela primeira vez entre nós. As montagens seguintes confirmaram a qualidade teatral da primeira encenação.

Com dois autos de Gil Vicente, os portugueses estavam à vontade, apresentando o autor quinhentista (1469-1536) que talvez seja o único nome universal do teatro clássico em língua portuguesa. Sendo de transição entre o teatro medieval e renascentista, poeta de dois países pois vivem na corte espanhola, escrevendo nas duas línguas, Gil Vicente deixou uma grande produção, autos, farsas, comédias, monólogos que, graças ao seu espírito crítico e de observação, com dados universais, continuam de grande valor. O TEC apresentou dois autos, sendo que o primeiro é uma farsa, conhecida como *Auto da Índia*, em que examina o lado humano e não o épico das navegações, em tom satírico. A encenação, com belíssimo cenário de Julio Rezende, em que as escadas de corda já criam toda a atmosfera marítima, teve por parte de Carlos Avilezzo tratamento leve e adequado, apoiado na excelente interpretação de Ivone Silva, Isabel de Castro, Ruy

Matos, Antonio Marques e João Vasco. Quanto ao *Auto da Barca do Inferno,* o sentido crítico do texto levou o diretor a dar um tom farsesco que não nos parece ser o escrito de um auto religioso. Por outro lado, sem dúvida Carlos Avilez desconfia do céu, pois a barca do inferno parecia muito mais atraente e interessante que a da glória. Não obstante a nossa discordância quanto ao enfoque dado ao texto, o espetáculo teve uma bela realização plástica, com o cenário de Francisco Relógio, e as marcações coreografadas do diretor, a que o elenco correspondeu com domínio técnico da expressão corporal.

Ivone, Princesa de Borgonha, do autor contemporâneo polonês Witod Gombrowicz (1904-1969), sendo até agora o único texto moderno é, entretanto, um espetáculo envelhecido. Não somente a peça, com o tema muito utilizado modernamente do personagem catalisador, que determina nos outros o reconhecimento de suas deficiências, é verborrágica e monótona, como a encenação apresenta todas as "novidades" dos fins dos anos sessenta (a estréia foi em 1971), que, de tanto repetidas, já se esgotaram. Ninguém pode falar naturalmente, mas precisa subir sobre os ombros de alguém, ou se ajoelhar, ou se arrastar. Para rir, em coro se anda de quatro, reproduzindo o riso em forma onomatopaica, assim por diante. A mudança da cena italiana para arena, no Teatro Ruth Escobar também não foi feliz com a concepção do espaço cênico.

Já *Fuentevejuna* de Lope de Veja é de longe, até agora, a melhor realização do TEC,. Não somente o texto do genial autor espanhol, atual no seu sentido épico da força popular contra o arbítrio, como a encenação moderna de Carlos Avilez, a força dramática do elenco, a simplicidade vigorosa do cenário, resultam um espetáculo perfeito e empolgante (em cartaz até hoje, domingo).

Talento, em Arrabal ou numa comédia

OESP
22 de junho de 1980

O Teatro Experimental de Cascais encerra sua temporada de quinze dias com uma espécie de vaudeville português, de um autor inédito entre nós, André Brun (1881-1926), que deixou uma extensa obra literária. *A Maluquinha de Arrois* é uma daquelas comédias que nos lembram imediatamente Feydau, com seus encontros e desencontros, gente se escondendo em quartos, sempre no lugar onde não deveria estar, e que, depois de infidelidades, termina com todos os casais bem arrumadinhos e em perfeita paz. A encenação do TEC mostrou outra faceta do grupo, a sua perfeita adequação à comédia, já indicada em Gil Vicente. Com um belo cenário, realista-impressionista, dominantemente branco e maleável, de Jorge Marcel, vistosos e exagerados figurinos de Pinto Campos, sem rigor de estilo de uma determinada época, o espetáculo alegre, com um ótimo ritmo não obstante os incidentes da estréia, musicado, demonstrou mais uma vez a qualidade técnica do elenco, que fez passar as três horas de duração sem que o público sentisse o tempo.

Antes, o TEC apresentou duas pequenas peças de Arrabal, *Oração* e *Os Dois Verdugos*, com toda a problemática familiar do autor, que marca a sua obra. Com expressivos cenários realista-simbólico de Maria Helena Eris, as duas peças permitiram excelentes interpretações de Ivone Silva e João Vasco, com Antonio Marques na segunda. *Oração* realizada num ritmo lento mais de grande força dramática, com um domínio completo da voz e da linguagem gestual dos atores, foi um dos pontos altos da temporada. Já *Os Dois Verdugos* ficou numa indecisão entre a sátira e assumir inteiramente o exterior melodramático do texto, que não lhe permitiu uma realização total.

Como extra, ainda foi apresentado um monólogo dramático de Gilbert Leautier, *À Procura de Alberto*. Se o texto francês nada apresenta de especial, calcado num jogo contínuo de palavras para expressar a solidão do personagem, permitiu, entretanto, que Zita Duarte mostrasse seu grande talento e domínio técnico.

Numa verdadeira maratona teatral, o TEC encenou nove peças em sete espetáculos, no curto prazo de duas semanas, que, com exceção de *Ivone, Princesa de Borgonha*, foram plenamente satisfatórios. O repertório do grupo vai dos clássicos aos contemporâneos, demonstrando uma grande versatilidade. Podemos lamentar, apenas, que não nos fosse mostrada a moderna dramaturgia portuguesa, talvez, como entre nós, prejudicada pelo longo período de arbítrio. Talvez essa missão caiba ao grupo *A Barraca*, que já deverá estrear a seguir. Mas pela beleza visual das encenações, pela qualidade do elenco contando com alguns ótimos atores, a direção firme de Carlos Avilez, o TEC demonstrou ser um atuante e importante grupo teatral contemporâneo.

Linguagem livre, em *Abajur Lilás*

OESP
9 de julho de 1980

A estréia da peça de Plínio Marcos, *O Abajur Lilás* em cartaz no Teatro Aliança francesa, tem, antes de mais nada, a importância simbólica de uma vitória, pois a sua proibição em 1975 suscitou todo um movimento da classe teatral e de várias entidades culturais. Por coincidência, também "Barrela", a primeira peça do autor e também proibida, acaba de estrear. Vitória apenas parcial pois, como todos sabemos, a censura policial foi substituída pela censura econômica, com o teatro vendo todas suas verbas suspensas, sendo uma arte deficitária em todo o mundo pelo que os países dirigidos com um pouco mais de inteligência destinam subvenções às suas atividades.

Plínio Marcos tornou-se um dos representantes mais característicos das vítimas de repressão, pois houve um momento em que todas suas obras estavam proibidas. Mas, independentemente dessa dispensável notoriedade, sua produção teatral, pelas suas próprias qualidades, lhe dá um lugar de importância entre os dramaturgos brasileiros. *Abajur Lilás* conserva todas as características do autor, desde a localização do conflito na faixa marginal da sociedade, a linguagem livre dos personagens, às intenções simbólicas mais amplas de retratar as relações de poder. De fato, numa primeira visão, o que temos é um teatro realista, quase naturalista, em que a realidade do meio é mostrada sem qualquer disfarce ou seleção de fatos. Mas, numa segunda leitura, verificamos que é o retrato é das relações entre explorador e explorado, que caracterizam as estruturas sociais dominantes. E, ainda, podemos encontrar um sentido mais profundo da condição humana, que se corrompe sempre que assume o poder sem restrições. Se o dono do "mocó" exerce sua tirania apoiado, desta vez, na força bruta do personagem "Oswaldo", também as prostitutas se digladiam, cada uma representando um tipo de reação ao arbítrio, a que tenta reagir desordenadamente e sonha com a sua independência, sendo destruída, a que se procura adaptar para não perder o mínimo de dispõe, submetendo-se a tudo, e a individualista, sobrevivendo por pequenas espertezas. Por isso não conseguem reagir adequadamente e se libertar da exploração.

Fauzi Arap dirigiu a peça dentro da linha realista, apelando para a forma expressionista apenas na morte de "Célia", e marcando certos momentos em que os personagens se dirigem à platéia, num distanciamento épico. Esse distanciamento se encontra na interpretação de José Fernandes de Lyra, adotando um tom único que por vezes é cansativo. Walderez de Barros, uma das nossas melhores atrizes e que, estranhamente, ainda não teve o reconhecimento que merece, está esplêndida secundada por Annamaria Dias e Claudia Melo, num cenário realista e figurinos de Vigna e Tawfik.

Realidade em dois tons: a análise séria e a sátira

OESP
11 de julho de 1980

O Projeto Cacilda Becker, uma idéia de nossa saudosa grande atriz, estreou sua terceira montagem, realizando um dos seus itens que é o teatro de repertório. Os outros itens, graças à atuação de Antônio Abujamra e seus companheiros de cooperativa, tais como leituras dramáticas, seminários, exposições, continuam em execução, revitalizando, finalmente, o TBC e merecendo indicação do prêmio Mambembe.

O Senhor das Cachorros, de um autor até agora desconhecido, José Augusto Fontes, é uma fábula na linha da caricatura. Só que a situação linguagem, simbólicas em toda fábula, são diretamente ligadas à nossa realidade e, infelizmente, o caricato não chega a exagerar. Os trechos, por exemplo, referentes à imprensa, o diálogo, sobre o reconhecimento dos direitos dos trabalhadores, os planos que adiam as soluções, são do nosso dia-a-dia. Há, no entrecho, uma fala do "Senhor", afirmando que "a Arte não tem nada a ver com a Educação, é um luxo". Pois temos nos jornais que a Caixa Econômica Federal vai cortar os créditos educativos para alunos de cursos de Arte e Educação Artística (ignorando que estes formam professores de disciplina obrigatória do currículo de 1ª e 2ª graus), para melhor emprego dos dinheiros públicos, em profissões mais afins com a realidade brasileira (sic). Isto é dito e nada acontece, o funcionário não é demitido e inscrito obrigatoriamente num curso de alfabetização de adultos. O que nos faz rir, na peça, pela sua tolice, é uma trágica e bem observada realidade nacional. Somente esta expressão superficial cômica, mas profundamente dramática, do texto, já recomendaria o espetáculo. Mas, além disso, o senso de humor, a estrutura das cenas, bem aproveitadas pelo diretor Hugo Barreto, num cenário que utiliza milagrosamente o pequeno espaço do palco, devido a José Carlos Serroni, premiado várias vezes no teatro infantil, os figurinos, ambos realistas e simbólicos ao mesmo tempo, tornam a encenação de grande interesse e importância. A interpretação de Antonio Fagundes, uma de suas mais expressivas nos últimos anos, de Clarisse Abujamra e de Ednei Giovenazzi, nos três tipos do senhor, do trabalhador explorado e o subserviente auxiliar politiqueiro, completam a montagem, tornando-a um dos melhores espetáculos da atual temporada.

Uma outra encenação que procura retratar a realidade brasileira, histórica e atual é *Brasil de Fio a Pavio* do grupo ArteFato que, depois de caminhar por vários espaços teatrais, estréia, agora, no T.E. Eugênio Kusnet, vencedor da concorrência do SNT. Na forma de pequenos esquetes, com quatro atores aproveitando de músicas conhecidas, o espetáculo cumpre a sua finalidade crítica, apenas prejudicado pela excessiva fragmentação com os contínuos escurecimentos, que o tipo de encenação permitiria evitar, fazendo as mudanças dos elementos cenográficos, bem como da indumentária, à vista do público. Também surpreende, o tom sério pois o gênero, geralmente, exige uma maior comicidade. O texto de Anah Lúcia Leão, baseado em pesquisa do grupo em jornais e fontes históricas e sociológicas mantém esse caráter de seriedade quando, talvez, rendesse mais se partisse para a sátira. Os cenários e figurinos de Luis Carlos Nistal resolvem, com simplicidade, os problemas das mudanças e exigências das cenas, com uma boa utilização simbólica de jornais, servindo ao bom trabalho dos atores Carmem Mello, Odete de Leos, Luis Carlos Nistal e Alberico Souza, sob firme direção de Anah Lúcia Lea o e Paulo Maurício.

Os caminhos do teatro português

OESP
13 de julho de 1980

A temporada do Grupo Ação Teatral *A Barraca* se completou com as montagens de *Zé do Telhado*, de Helder Costa, direção de Augusto Boal e *Preto no Branco*, adaptação e Helder Costa do texto original do autor italiano Dario Fo, esta em cartaz até dia 13, além de uma nova apresentação segunda-feira, dia 14, da primeira montagem, *D. João VI*.

Não vimos os dois primeiros espetáculos devido a um curso em S. Luis do Maranhão, mas o programa deste segundo grupo português em "digressão" pelo Brasil se ressente, como o do TEC, de um panorama da moderna dramaturgia portuguesa. *A Barraca* nos traz dois textos e duas adaptações de Helder Costa, o dramaturgo do conjunto, que, se é importante no desenvolvimento teatral depois da Revolução, não deixa de ser limitado. Ou será que os efeitos esterilizantes da ditadura ainda se fazem sentir em Portugal?

Zé do Telhado trata da figura popular do bandido e líder revoltoso do século XIX, que o povo transformou em mito. A peça procura desmistificar o personagem, tentando um panorama sócio-político da época. A sua ambição fragmenta a estrutura dramática, que não chega a engrenar, especialmente para um público não familiarizado com os nomes e acontecimentos da história portuguesa. Por outro lado, os mitos populares têm sua função e razão de ser e uma atitude paternalista não parece ser a melhor forma de fazer teatro popular. A direção de Augusto Boal nos traz de volta os melhores tempos dos "Arena Conta..." com seu distanciamento, a utilização da música, a construção de cenas pelos atores, à vista do público, assumindo o narrativo sobre o dramático. O espetáculo dá oportunidade para a inspirada música de Zeca Afonso, uma maleável e criativa cenografia de João Brittes, e uma demonstração de versatilidade pelos atores, onde sobressai a personalidade de Maria do Céu Guerra.

"Preto no Branco" trata da responsabilidade social e dos males da estrutura capitalista, a partir do "suicídio" de um prisioneiro policial, coincidindo, pois, com o tema de *A Patética,* em cartaz no momento. Apresentando como um psicodrama, lembrando a solução de *Equus*, com os atores sentados em volta de um espaço cênico delimitado no palco, mas com papéis definidos, o espetáculo ganharia se fosse menos longo. Alguns recursos, como a sonoplastia feita pelos atores, já nos parecem um tanto envelhecidos. Mas o espetáculo, pela importância do tema e a interpretação dos atores, especialmente Santos Manuel, consegue entusiasmar a platéia, encerrando uma temporada que revelou um grupo um pouco defasado no tempo, mas procurando novos caminhos para o teatro português.

Barrela: após 21 anos, a mesma força dramática

OESP
17 de julho de 1980

A encenação, em carreira normal, de *Barrela* de Plínio Marcos 21 anos depois de sua primeira contagem no Festival de Teatro de Estudantes de Santos e conseqüente proibição, além de ser um fato de grande importância para o nosso teatro, nos traz duas surpreendentes e relevantes descobertas: uma, que o texto, lido e talvez já encenado clandestinamente (como todo o teatro teve de viver numa quase clandestinidade nos últimos 16 anos), passando para o palco mantém toda a sua força dramática; outra, que a peça não envelheceu, pelo contrário, mantém um atualíssimo interesse.

De fato, são raros os talentos que desde a sua primeira obra atingem uma qualidade artística, mesmo sem maiores informações sobre as técnicas e dados culturais, geralmente obtidos em cursos ou ao longo de anos de autodidatismo. Se a obra de Plínio Marcos confirmaria, posteriormente, o seu gênio dramático, já essa sua primeira peça demonstra uma intuição das regras da dramaturgia, uma capacidade de síntese, especialmente na configuração dos personagens, o manejo do conflito dramático, o estímulo emocional, que são características dos grandes autores. A própria fidelidade à linguagem, motivo de escândalo na época, mas hoje já absorvida na nossa literatura dramática, confirma a sua capacidade de observação da realidade, fundamento essencial numa obra de teatro que queira expressar uma sociedade. Realidade essa que continua a nos desafiar e que, por isso mesmo, torna a peça atual depois de tantos anos.

A direção de Renato Consorte e Plínio Marcos, sem que saibamos qual a influência predominante, aproveita o naturalismo da peça para reforçar o impacto dramático. Nada é poupado ao espectador, nem a violência, nem o escatológico. Mas sutilmente os inúmeros personagens são movimentados quase como um coro trágico, com marcações de grupo ou interferências individuais, conforme as exigências do texto, algumas vezes como pano de fundo para a cena central, que dão ao espetáculo uma força clássica, superando o grosseiro da realidade. Além disso, fica clara a idéia do comportamento ogressivo do grupo confinado, que os estudiosos confirmam tanto para os pequenos grupos sociais, como na peça, como nos grandes grupos, inclusive na nação.

É difícil destacar nomes dos intérpretes, pois todos assumiram com força seus personagens. Talvez, pela experiência cênica ou pelas oportunidades do papel, possamos citar Francisco Milani, João Accibe, Benê Silva e Thanah Correa, sem cometer injustiça. Porém todo elenco mantém a densidade dramática do espetáculo, no cenário realista de Joel Jardim.

Teatro Negro: criatividade e beleza visual

OESP
3 de agosto de 1980

No após-guerra, a Checolosváquia sofreu uma efervescência da atividade teatral, com ênfase especialmente na parte visual do espetáculo. Foram feitas experiências na cenografia, na indumentária e na iluminação, com resultados excelentes, hoje incorporados ao teatro do mundo todo. Um dos nomes mais conhecidos, Josef Svaboda, que inclusive esteve em São Paulo, como expositor e membro do júri internacional das bienais de artes plásticas, é um dos cenógrafos e figurinistas mais importantes da nossa época, com suas pesquisas de materiais rústicos. A Quadrienal de Praga, dedicada às artes plásticas do teatro, que deveria se alternar com a de São Paulo (esta, porém, foi esquecida pela nossa Bienal), teve uma produção merecida no campo visual do teatro. Assim, o Teatro Negro de Praga, que ora nos visita – grupo constituído em 1959 – tem como principal característica esse aspecto visual, numa utilização redundante de formas, cores, linhas e luzes que fazem do seu espetáculo uma contínua festa para os olhos.

Na verdade, o grupo dirigido por Jiri Srnec procura incorporar às suas encenações todos os elementos das artes cênicas: a música, a dança, a mímica, a pantomina, a cenografia, a indumentária, o canto e até mesmo a palavra. Mas, sem dúvida, o que prevalece é o visual, num caleidoscópio permanente.

O elemento fundamental das criações do grupo de Praga é a utilização da "caixa negra", isto é, o palco todo revestido de negro, com animadores também vestidos de preto, o que os torna invisíveis, com os atores e os objetos iluminados, mostrando para o espectador apenas o que deve ser visto. O recurso permite uma série de truques, resultando no maravilhoso: atores que voam ou levitam, objetos que surgem do nada, um cubo que cobre a cabeça de um intérprete e que vai descendo pelo corpo até ficar apenas com os pés humanos, um corpo de boneco com cabeça humana e que depois se desfaz em partes separadas, e assim por diante. O recurso é tão impressionante que sempre foi utilizado pelos mágicos que se apresentam no palco, permitindo todos os ilusionismos. Também no teatro já foi utilizado no passado e mais recentemente as pesquisas de Oskar Schlemmer na Bauhaus (1926), ou pelo Bread and Puppet Theatre e pelo balé de Alvin Nikolais, sem esquecer as experiências de Kevin Costello. No Brasil, o maravilhoso espetáculo do Grupo Giramundo, "Cobra Norato", conseguiu belos efeitos visuais com o mesmo recurso. Mas o grupo de Praça faz da "caixa negra" o seu elemento fundamental.

Em *A Semana dos Sonhos*, seu espetáculo de estréia, sete quadros ligados apenas pelo personagem principal – um motorista de táxi -, se sucedem numa demonstração de criatividade, sempre com novos elementos de grande efeito, como, especialmente, nos "óculos". A beleza visual e a surpresa de cada nova criação, a grande inventividade, a técnica perfeita não somente na parte mecânica mas também no domínio corporal dos atores, dão ao espetáculo uma contínua renovação de interesse. Entretanto, talvez pelo seu excessivo formalismo, falta à encenação um elemento emocional, principalmente pelas temáticas excessivamente incidental.

A Semana dos Sonhos é a mais nova montagem da TNP e, depois deste domingo, voltará ao cartaz no sábado e domingo próximos. Durante a semana, teremos o mais antigo espetáculo do grupo, *A Bicicleta Voadora*.

O Melhor Espetáculo do Teatro Negro

OESP
7 de agosto de 1980

O segundo espetáculo do Teatro Negro de Praga, que apresenta uma montagem anterior e mais antiga do que a da estréia, esta exatamente a mais recente é um pouco surpreendentemente mais comunicativa e mais adequada a um público latino.

De fato, *A Semana dos Sonhos*, apesar da magia que o próprio nome indica, com toda a sua criatividade, padecia de um excesso de formalismo e um enfoque de eficiência técnica, que o tornava um tanto frio. Já a *Bicicleta Voadora*, talvez porque montada quando o grupo ainda não possuía um domínio total das técnicas de manipulação dos atores e objetos, ainda preso à expressão mímica, com maior utilização do elemento humano, numa história de conotações líricas, é um espetáculo que obtém uma adesão também emocional do espectador.

Naturalmente o elemento fundamental é o uso da caixa negra, característica do grupo, ressaltando sempre o aspecto visual, a imaginação, a criatividade. Há sempre surpresas, mas só pelos truques da manipulação de objetos e pessoas invisíveis pela ausência da luz, mas, principalmente pelo inesperado da mudança de funções de objetos cotidianos. Assim, por exemplo, a luminária de um lampião pode-se transformar numa grande taça em que

Cupido serve o elixir do amor, ou um guarda-chuva pode ser uma eficiente bomba de ar para encher o pneu de um carro.

A *Bicicleta Voadora* é essencialmente uma pantomima, com elementos de balé e os recursos do teatro de animação, pois desde o diretor Jiri Srnec aos atores, todos têm formação não só em teatro como são oriundos do Departamento de Bonecos (marionetes) da Universidade de Praga. Como tal, os intérpretes devem ter um grande domínio e expressões corporais, conhecer dança, um ajustado senso de tempo e ritmo, qualidades que sobram nos componentes do Teatro Negro de Praga. Naturalmente, pela oportunidade do papel, Pavel Marek, no protagonista, tem possibilidades de demonstrar melhor essas qualidades, como acontecerá com Ales Koudelka em *A Semana dos Sonhos*, agora no papel de pai, com menos chances. Dana Asterova, na jovem, Vladimir Kubicek, surpreendentemente na mãe, Bohumil Dufek, no rival, e Sona Dvorakova, uma bela Vênus, completam o eficiente e equilibrado elenco. Mas os atores invisíveis, que manipulam em negro os objetos e os outros intérpretes, são fatores fundamentais no resultado pela sua precisão técnica, formados por Danuse Schonweiizova, Jana Kurucova e o próprio diretor. Os cenários, enquadrados por uma vinheta art-nouveau, de Bohumil Zemlicka e os figurinos, sem preocupação cronológica como o automóvel de 1867, de Jarmila Konecna, contribuem decisivamente para a beleza visual do espetáculo.

A história recente no palco

OESP
21 de agosto de 1980

A nova e segunda montagem do grupo *Os Farsantes* – no Teatro Faap – revela um indiscutível progresso com relação à primeira, principalmente porque uma certa imaturidade iconoclasta foi superada, que prejudicava fundamentalmente *Tietê, Tietê*, voltando-se agora o grupo para um exame crítico da realidade vivida pelos seus componentes. E o conhecimento do tema utilizado é um elemento essencial para qualquer realização artística.

Em *O Filho do Carcará*, Alcides Nogueira Pinto parte de uma posição crítica interessante. Reconhecendo que, *"desde que Maria Bethânia cantou o seu Carcará até hoje, muita coisa mudou"*, o autor procura mostrar alguns dos aspectos dessa mudança, em quadros dramáticos ou cômicos, numa espécie de síntese do que aconteceu nesses últimos doze anos. A forma adotada é a da revista musical, com música e dança introduzindo os esquetes, numa espécie de reversão na dosagem dos elementos musicais e dramáticos, característica do gênero. Naturalmente há uma atualização: por exemplo, em lugar de coristas descendo escadas luxuosas, enfeitadas de plumas e paetês, tem-se os intérpretes descendo uma rampa rústica, vestidos de abrigos esportivos. Os músicos se misturam com os atores, fazendo figurações, mas o esquema fundamental é o mesmo.

Márcio Aurélio, na direção geral, compreendendo, pelo que supomos dada a omissão na programa, a cenografia e os figurinos, procurou fazer um espetáculo desmistificado, sem grandes efeitos, direto, que funciona perfeitamente. O aproveitamento da duas colunas que atravancam o palco – o fato de ser construído um teatro com colunas de concreto no meio da cena, num local onde funcionaram escolas de engenharia e arquitetura, é bem sintomático – criando um segundo espaço cênico definido, para localizar os músicos e cantores, foi bastante inteligente, bem como o uso do atual uniforme social, abrigos esportivos, que tornam os personagens representativos do público.

O elenco todo funciona com intensa garra, revezando nos vários personagens com igual eficiência. Mais pelo texto, as cenas satíricas funcionam mais do que as "sérias", ainda que se possa pensar que algumas dependem do conhecimento do público, do contexto e da linguagem característica, como no caso do primeiro esquete, sobre as várias formas teatrais que andaram em moda, ou a da estudante da USP, aproveitando uma conhecida piada política.

Com a funcionalidade da música de José Baptista Martins, o bom conjunto de instrumentistas, o quase sempre intenso ritmo teatral, o espetáculo mantém um permanente interesse por parte do público.

Fim de Jogo, no melhor estilo de Beckett

OESP
29 de agosto de 1980

De Samuel Beckett, o escritor irlandês que se integrou na cultura francesa, talvez a peça *Esperando Godot* seja a mais conhecida no Brasil. Entretanto, ultimamente, há um interesse maior pela dramaturgia de Beckett. A encenação de *Fim de Jogo* pela Cia. Dramática Piedade, Terror e Anarquia – responsável por um dos melhores espetáculos infantis em cartaz atualmente – no Stúdio São Pedro – vem reforçar esse interesse, dando oportunidade ao público paulista de assistir a uma das peças mais densamente dramáticas e simbólicas do chamado Teatro do Absurdo, que hoje já não parece tão absurdo diante da realidade que vivemos.

A situação se assemelha a de outras peças de Beckett: numa casa situada entre o mar e a terra, rodeada por um mundo vazio e cinzento, possivelmente destruído pelo homem, quatro personagens estão no limite de suas existências. O casal de velhos, sem pernas, mora em duas latas de lixo, símbolo do extremo de degradação do passado. Hamm, o opressor, é cego e preso a uma cadeira, inteiramente dependente de Clov (os nomes dos personagens de Beckett têm sido objeto de inúmeras interpretações), possivelmente a classe trabalhadora, sempre ameaçando ir embora para libertar-se. A solidão, a decadência, a falta de objetivos, temas característicos de Beckett, desta vez se completam com uma nota de possível esperança: Clov vê uma criança na paisagem vazia, ainda que arada e olhando o próprio umbigo.

Antônio do Valle é um dos nossos jovens e mais promissores estreantes no profissionalismo. Sua direção, no primeiro semestre, de *Trivial Simples* conseguiu salvar um texto insatisfatório. Formando na ECA com Jamil Dias, que recebeu indicação no Mambembe como revelação de diretor, *Fim de Jogo* foi seu trabalho escolar final e obteve tal repercussão que foi apresentado por dois meses no TUSP. Agora encenado profissionalmente, com a substituição de dois atores, mantém as qualidades de criatividade, tornando um texto difícil mas comunicativo, com um belo trabalho de iluminação e segura direção de atores. Estes, apesar de jovens, parecem veteranos, com um senso de ritmo, uma utilização de voz e expressão corporal excelentes, destacando-se o impressionante domínio do corpo de Hugo Della Santa, bem acompanhado por Lica Neaime, Fernanda Neves e Henrique Alberto, num espetáculo que o público precisa descobrir e prestigiar.

Texto menor de Nelson Rodrigues bem encenado

OESP
5 de setembro de 1980

Nelson Rodrigues continua a ser um dos nossos autores mais importantes não somente pela sua extraordinária intuição teatral, o que faz com que todas as suas peças, mesmo as menos logradas, funcionam no palco, como pela ousadia no tratamento de temas, ainda tabus apesar da permissividade atual. Consciente ou inconscientemente, Nelson Rodrigues absorveu várias influências das escolas teatrais do século passando pelo simbolismo, expressionismo, teatro do absurdo, a crueldade artauniana, sem perder o pé num certo realismo e até naturalismo. Por isso, a encenação de uma peça sua é sempre importante.

O Grupo Boca Aberta escolheu *Dorotéia* para sua apresentação no Teatro Oficina, agora alugado pelo SNT e cedido à Cooperativa Paulista de Teatro. Trata-se de um texto de 1947, o quinto na dramaturgia de Nelson Rodrigues, depois de dois "épicos" como *Vestido de Noiva*, sem dúvida ainda a obra-prima do autor e "Anjo Negro" e anterior às "tragédias" suburbanas, a melhor parte da sua dramaturgia depois de *Vestido*. Não é das suas melhores peças, mas dispõe de um achado, simbolizando o bloqueio sexual feminino, que é a náusea sentida pelas mulheres da família na noite de núpcias, mulheres sem quadris e que têm um defeito de visão que não lhes permite ver nitidamente os homens, marcas das quais escapa Dorotéia.

O diretor Azis Bajur aproveitou bem os elementos simbolistas do texto, como o jarro que persegue Dorotéia, ou a jovem Das Dores, natimorta que não foi avisada da própria morte e por isso cresceu e está pronta para o casamento com um par de botinas, desenvolvendo um espetáculo de efeitos visuais, ajudado pela cenografia, da qual é também autor, e pelos figurinos de F.E.Kokocht. Para as três mulheres assexuadas, utilizou atores masculinos, não, felizmente, como travestis, mas na antiga tradição teatral que vem da Grécia. O uso das máscaras, criadas por Cida D'Agostinho, envolvidas em panos, permite a duplicação dos personagens, num outro bom efeito cênico.

Dos atores, Aron Aron, Carlos Barreto e Lauri Prieto fazem as três mulheres com acertado equilíbrio evitando a caricatura, o que já não acontece com José Carlos Metão na sogra. Esmeralda Hannah tem o tipo físico para a Dorotéia, mas precisa cuidar mais da expressão vocal e Ecila Pedroso dá o tom inatural de Das Dores.

Uma acertada encenação, com bons efeitos cênicos, de uma peça menor de Nelson Rodrigues, mas, como sempre, de grande teatralidade.

O simbolismo, dentro dos subterrâneos das ditaduras

OESP
9 de setembro de 1980

O conjunto gaúcho Grupo Circo XX, que em 1978 já nos apresentara *Jogos na Hora da Sesta*, recebendo em São Paulo premiações e indicações, é a melhor prova de que o teatro brasileiro não está mais limitado ao eixo Rio-São Paulo, confirmando o que o último "Mambembão" já nos revelara. Sua montagem atual, a peça do autor argentino Eduardo Pavlovsky, "O Senhor Galindez", no Ruth Escobar – resultou num espetáculo maduro, sério, de grande importância pela temática e pela eficiência cênica.

De Pavlovsk conhecíamos apenas seu livro *Psicodrama – cuando y por quê dramatizar*, em colaboração com Martinez Bouquet e F. Moccio, que utilizamos em nossos cursos de Psicodrama Pedagógico, com as adaptações necessárias por se tratar de enfoque terapêutico. Sua trajetória parece ter sido a inversa de Moreno. Enquanto o criador de Psicodrama começou em 1913 com improvisações com crianças nos jardins de Viena, passando ao Teatro da Espontaneidade, dramatizando inclusive notícias de jornais, para nessa atividade descobrir, em 1923, com o famosos casso de Bárbara, as possibilidades terapêuticas da dramatização. Pavlovsky parece ter partido e sua atuação como psicodramatista para o teatro. Com experiência como autor e ator, sua peça, entretanto, tem o despojamento e o tom direto do "aqui e agora" do contexto psicodramático, o que lhe dá grande força de comunicação.

Galindez é um personagem habitual no teatro, sempre presente e dominante sem nunca aparecer em cena, sendo o exemplo mais conhecidoo Godot de Beckett. Mas ao contrário de Godot, uma eterna esperança. Galindez é uma solução muito atual, a pior possível, que é o poder discricionário, exercido por uma pessoa, um grupo ou uma ideologia, dando ordens que não podem ser discutidas e mantendo a obediência pelo m edo. Pavlovsky concentrou a ação num compartimento de subsolo, os subterrâneos das ditaduras, que tanto pode ser o porão de uma delegacia, o esconderijo de uma organização marginal ou clandestina, e até o nosso "id". Assim, o simbolismo da peça, ao rasgar o abcesso da opressão do homem sobre o homem, tem uma grande gama de possibilidades interpretativas.

Paulo Medeiros de Albuquerque deu ao espetáculo, com uma peça simbólica, uma linha realista que acentua o seu simbolismo. A situação é real, é do nosso mundo, mas representa qualquer lugar ou momento em que o poder é exercido sem limites. Com evidente cuidado em evitar excessos, inclusive da violência física, a direção obteve um resultado que é um impacto no espectador. Zecarlos Machado, Luiz Damaceno, Cacá Amaral, Nirce Levin, Thereza Freitas e Christina Rodriguez compõem o elenco que valoriza o texto e a encenação, num bom cenário de Luís Antônio Carvalho da Rocha e Grupo Circo XX.

Atualidade permanente na velha comédia de costumes

OESP
17 de setembro de 1980

Uma comédia divertida, brasileira e atual é o que Nicete Bruno e Paulo Goulart escolheram para substituir *D. Rosita, a Solteira* de Garcia Lorca, um dos espetáculos mais poéticos deste ano. Já que é preciso alternar o repertório, como condição de sobrevivência no nosso ambiente teatral, a escolha foi acertada.

Paulo Goulart, homem de teatro e televisão experimentado, estreou como autor há cinco anos, com um texto não inteiramente logrado. Agora nos aparece com uma comédia satírica, na tradição da comédia de costumes que nos vem de Martins Penna, com um senso de observação que é a principal qualidade do gênero, uma comicidade permanente, personagens definidos e sem deixar de incluir alguns toques, inclusive o final, que levariam a uma certa meditação mais séria. O conflito central se baseia num assalto, tema de muitas peças e filmes dramáticos, mas que em *Mãos ao Alto, São Paulo* serve para uma sucessão de cenas engraçadas, em que cada personagem revela sua verdadeira personalidade. O início e o final poderiam ser mais concisos, já que durante o assalto o ritmo é mais intenso, inclusibe com a definição dos personagens dos ladrões em poucos e precisos elementos.

Roberto Lage, que tem sido mais feliz em espetáculos para jovens, aqui consegue um excelente resultado cênico, aproveitando e desenvolvendo as qualidades satíricas do texto. Mantendo o tempo necessário nas cenas cômicas, obtendo dos atores um ritmo sem quebras, e criando marcações que por si só resultam em gargalhadas do público, como a iniciação ao fumo da velha tia ou a automática dança sobre a mesa, pelo marido, na invasão, o diretor é um dos responsáveis pelo resultado divertido.

Os outros responsáveis são os atores, que valorizam seus papéis. Luís Carlos Arutim explora ao máximo a comicidade do personagem, nas suas contradições, sua preocupação financeira, no seu machismo. Márcia Real, com uma classe e grande presença cênica, dá uma dimensão maior à tia. Nicette Bruno explora a comicidade do personagem, especialmente no final. Os dois ladrões, Fernando Bezerra e Giuseppe Oristânio, marcando os tipos com economia de elementos, expressam a ruptura no contexto familiar. Bárbara Bruno faz o que é exigido da empregadinha não muito inteligente.

O cenário de Campello Netto, com o bom gosto habitual, dá o toque de sofisticação necessário, sem esquecer os elementos orientais numa casa Síria, no que é acompanhado pelos figurinos de Sônia Coutinho. No todo, um espetáculo cuidado, muito divertido, e que tem a vantagem de retratar uma situação brasileira.

Comédia, alívio de tensões

OESP
20 de setembro de 1980

Neste momento, em que há uma grande coincidência de estréias, o gênero dominante é o cômico, como se houvesse intenção do teatro de aliviar as tensões existentes. *Os Filhos de Dulcina*, no T.E.E.K., e *O Bengalão do Finado*, no Teatro Alfredo Mesquita, não escapam à tendência, podendo ser classificadas como comédias de costume.

Os Filhos de Dulcina é o que se poderia chamar de costumes teatrais. Utilizando multiplamente a metalinguagem, a situação trata de duas atrizes, Fanta Maria e Pandora, que, depois da preparação no camarim, representam uma peça com dois personagens que por sua vez representam trechos de outros textos teatrais. Os tipos de Fanta Maria e Pandora foram criados por Miguel Magno e Ricardo de Almeida, na encenação de 1979, *Quem tem medo de Itália Fausta?*, com um resultado tão gratificante que os dois atores saíram do grupo Aldebarã, constituíram a companhia Fanta Maria e Pandora Diversões, e resolveram continuar com os personagens. Sem dúvida os dois atores têm um talento histórico, o que explica as contínuas gargalhadas do público, mas o resultado, principalmente para quem assistiu à montagem anterior, parece menos satisfatório, pela sensação de repetitivo que o espetáculo transmite e pelas referências aos gêneros e espetáculos do osso teatro, compreensíveis somente para quem conhece o assunto.

A direção de Antônio Fernandes da Costa Aguiar Negrini tem a virtude de permitir a expansão cômica dos intérpretes e a cenografia e figurinos de Carlos Eduardo Andrade compõem um belo visual, ainda que um melhor estudo de visibilidade teria enviado pontos cegos determinados por um pórtico apenas decorativo, sem outra função.

O Bengalão do Finado é o novo título da comédia de Armando Gonzaga, *O Poder das Massas*, um exemplar tardio, de 1945, da comédia de costumes carioca, que floresceu até os anos trinta. Com a estrutura tradicional, baseada em confusões e esperanças frustradas, casamentos de interesse, não faltando uns toques de crítica social, como a decadência das famílias tradicionais e a ascensão social da criada, esse tipo de comédia exige atores experientes, com um tempo certo e boa dose de expressividade cômica. Não é o que acontece na atual encenação, pois apenas Elizabeth Henreid e Vera Nunes, e num certo sentido Renato Bruno, têm a tarimba necessária e conseguem manter o interesse quando estão em cena. Por outro lado, há uma fatia de definição de época, pois se o texto se refere a gasogênio e cruzeiros, situando os anos quarenta, os figurinos de Flávio Phebo, pelo menos os femininos já que os masculinos são indefinidos, sugerem a moda de vinte e o cenário de Bento Junqueira é inexpressivo.

Revista, em duas comédias

OESP
2 de outubro de 1980

Duas comédias musicais, inspiradas no nosso antigo teatro de revista, uma com aproveitamento da nossa cultura popular, *O Teatro de Cordel*, outra tomando como tema um livro erudito, *Tratado Geral sobre a Fofoca*, do qual aproveita o título, aumentam as estréias nesta temporada fecunda em número de espetáculos novos.

Teatro de Cordel é um exemplo de como se pode fazer teatro com poucos recursos. Numa casa de espetáculos modesta, de poucos lugares e ainda não descoberta pelo grande público, com um elenco de nomes poucos conhecidos, sem grande cenografia e figurinos discreto. Vic Militello faz um aproveitamento ao cordel, de características nordestinas e agora em grande moda entre nós – e pena que não se valorize o folclore paulista, pois mesmo cordel existe no nosso interior -, para mostrar as várias formas de formação de um ator popular, desde o camelô da rua, passando pelo circo, pelo teatro de revista, pelo folguedo popular e até pela televisão. As histórias, adaptadas por Orlando Senna, são tirados da literatura de cordel, e conservam a graça, o picaresco, a liberdade com as coisas sagradas, características da poesia espontânea do nosso povo, e são apresentadas por um elenco com garra, nos diferentes papéis, destacando-se Silton Cardoso,

Sula Legaspe e Nelson Machado. Um espetáculo para se ver sem preconceitos ou esnobismo intelectual, o que valerá uma boa diversão.

Já *Tratado Geral sobre a Fofoca* têm outras pretensões, desde o aproveitamento do livro do psiquiatra José Angelo Gaiarsa até a montagem que chega a ser luxuosa, raridade nos espetáculos atuais. Com uma abertura e seis quadros, aproveitando a temática da "fofoca como arma repressiva de todos contra todos", o esquema é o do teatro de revista, com a inversão em que os esquetes predominam sobre a música e a dança. Visualmente bonito, com um cenário construído de Tawfic, lembrando a estrutura fixa de três pavimentos da cena romana mas com decoração art-noveau, com figurinos vistosos do mesmo Tawfic, a direção de Zécarlos Andrade peca por não ter cortado o texto de Ana Luisa Fonseca, muito explicativo e repetitivo, o que fica bem evidente no quadro "Ser mãe...", que ganharia em força dramática se fosse reduzido para um terço. O elenco tem nomes de atores jovens de qualidade, como Ligia de Paula, Rafaela Puopolo e Vicente Baccaro que, além do mais, sabem cantar e dançar. Mas algumas distribuições não foram acertadas, como Selma Egrei na "mãe" da terceira história. O uso de microfone de pé limita a movimentação e a alternância com a voz natural é sempre um prejuízo auditivo. A música de Edgard Poças e Nelson Ayres, além de aproveitamento de outros, completa um espetáculo que ganhará muito se for reduzido na sua loquacidade.

Casa Grande e Senzala, de volta às raízes culturais

OESP
23 de outubro de 1980

Com um espetáculo de qualidade artística apurada e num certo sentido polêmico, o Teatro da Escola de Comunicações e Artes (ECA) da USP iniciou, finalmente, suas atividades comemorando os 80 anos de Gilberto Freyre, na encenação de *Casa Grande e Senzala*, adaptada para o teatro por José Carlos Cavalcanti Borges.

Miroel Silveira, que luta há oito anos pela realização do Teca como laboratório e estágio para os ex-alunos dos cursos da ECA e da EAD (Escola de Arte Dramática), vencendo todas as dificuldades burocráticas e incompreensões, dirigiu a montagem, procurando numa nova leitura do texto, em que a problemática do negro e do índio na situação de escravos, fosse ressaltada, obtendo um resultado cênico que Gilberto Freyre considerou "excelente". Para isso o trabalho teatral foi precedido de uma pesquisa das culturas que contribuíram para a nossa formação, especialmente as indígena, africana e ibéricas. É interessante verificar que os espetáculos de maior prestígio nos dois anos anteriores, *Macunaíma* e *Na Carreira do Divino*, também resultam de pesquisas feitas pelos seus criadores, ligados a curso de teatro, sobre as raízes características da nossa formação cultural. *Casa Grande e Senzala* vem se inserir nessa tendência do nosso teatro, uma das mais fecundas e vitalizantes, sem esquecer outros caminhos experimentais.

A partir da realidade histórica de que a relação casa grande e senzala é uma relação senhor-escravo, por si só violenta e desumana, que o eventual bom tratamento dispensado aos negros-família, considerados animais de estimação, não pôde atenuar, Miroel Silveira deu uma força dramática à comédia de costumes de Cavalcanti Borges, colocando a senzala como centro do espetáculo. Isso ainda lhe permitiu um aproveitamento cênico, de música, de dança e visual, dando à encenação uma grande beleza plástica. O início em que o português descobridor idealiza a moura encantada, que se transforma na nossa indígena, aliás, indicação do próprio Gilberto Freyre, a apresentação dos costumes dos índios e negros, se um pouco extenso, coloca o público dentro do clima quase ritualístico do espetáculo, de que o começo do 2º ato é o melhor exemplo. O cenário e os figurinos de Campello Netto, a música de Nelson de Jesus e Miroel Silveira, sendo que a primeira canção é de Zeca Sampaio, a coreografia de Maria Luiza a partir das danças aculturadas africanas, os adereços de Conceição de Alencar e Luiz Alberto contribuem para a beleza visual da montagem. O elenco é formado por ex-alunos da ECA e EAD e alunos de pós-graduação chega a um bom resultado mas é significativo que na representação da senzala apenas um dos atores seja aluno da ECA, sendo os demais convidados a mostrar que a situação do negro não se alterou, fundamentalmente na estrutura social.

Problemas da juventude, tema de três espetáculos

OESP
16 de novembro de 1980

Nesta fase de grande atividade do teatro paulista, com nada menos de 12 estréias em quinze dias, os grupos jovens estão marcando sua presença, procurando apresentar a problemática da juventude. Três desses grupos, dois paulistas e um carioca, o Avis Rara, Avis Cara, o Grupo Mambembe e Asdrúbal Trouxe o Trombone, mostram suas últimas encenações.

Exército da Paixão de Jamil Dias, formado pela ECA no ano passado e que já recebeu uma indicação para o Mambembe no 1º quadrimestre por *No Fundo do Baú*, está no Teatro Abertura, uma sala ainda não descoberta pelo público. Desta vez, Jamil Dias, além de diretor é autor do texto (a outra montagem era uma adaptação de Cervantes), com a grande vantagem de tratar de assunto que conhece, o que é a primeira condição para um bom texto de dramaturgia. Os personagens são estudantes, exceto a terapeuta, focados nos seus relacionamentos amorosos. A história dos três casais, desde que se encontram, se amam e terminam seu caso, é apresentada com simplicidade, em quadros sucessivos e não "pretende esgotar o tema". Na verdade, fica um pouco na superfície demais, com os outros problemas da vida estudantil, como estudo, assembléias, greves, passeatas, sendo apenas sugeridos, como elementos incidentais. A fragmentação do espetáculo em quadros na forma de contraponto, técnica que nos veio do expressionismo, não resulta bem, exatamente por ficar apenas em cenas realistas, com ordem cronológica (há apenas uma do passado), quando a riqueza dessa forma está na eliminação do tempo e do espaço, incluindo a memória, a imaginação e a realidade interior. De qualquer modo, pela direção cuidada, pelo trabalho dos atores, e, principalmente, pela espontaneidade e simplicidade, o espetáculo obtém um bom resultado.

Já o Grupo Mambembem, formado em 1976, com a direção e interpretação de elementos vindos da EAD, e que já nos deu ótimos espetáculos, optou por uma revista musical, com o tema da educação sexual nas últimas décadas, não a pedagógica, mas a que é dada nas ruas, na escola, e nas respostas mentirosas dos adultos. A peça de Luís Alberto Abreu. *Foi Bom, Meu Bem?*, recoloca a trajetória de um grupo desde a primeira pergunta sobre sexo, até o relacionamento do matrimônio conjugal, com uma boa observação da realidade. Usando uma linguagem More, permitiu um espetáculo engraçado, desbocado, e pornográfico. Estranhamente, sendo o mais livre não apresenta nenhuma cena de nu, ao contrário dos outros dois. A direção de Ewerton de Castro é criativa, especialmente em todas as cenas do casal, com alternância dos atores, um achado que resulta no melhor momento do esétaculo, que se reforça com a garra dos atores e, especialmente, a música de Tato Fischer e Wanderley Martins, e a coreografia de Juçara Amaral, fazendo rir o público que superlotou a estréia.

O grupo carioca Asdrúbal Trouxe o Trombone foi uma revelação e um sucesso em São Paulo, quando há dois anos apresentou *Trate-me Leão,* atingindo especialmente a juventude, apesar das suas características, ou talvez, por isso mesmo, do mundo carioca que as novelas de televisão se encarregaram de propagar por todo Brasil. Depois de um grande sucesso, a expectativa pode prejudicar uma nova encenação. Pela reação do grande público, que pela primeira vez lota o Teatro Alfredo Mesquita (e não vimos na estréia), não houve frustração da platéia. O espetáculo, porém, tratando da própria vivência do grupo, com muitos dados inteligíveis apenas para quem conhece o teatro por dentro, numa forma desestruturada e com recursos que foram utilizados nos anos sessenta, baseado especialmente numa sucessão de piadas e contra-sensos, não atinge a força da montagem anterior, dando a sensação do "já visto". Parece que o conjunto se encontra numa encruzilhada perigosa, sem saber bem o que fazer depois do sucesso. A grande força, porém, está no talento e capacidade cênica de todo o elenco, especialmente dessa grande atriz cômica que é Regina Case.

O ressurgimento do monólogo dramático

OESP
13 de dezembro de 1980

Com a crise que domina todas as atividades artísticas, reflexo geral da crise por que passa o País, a montagem de espetáculos com grande número de atores se torna arriscada. Esse, talvez, seja um dos motivos para o ressurgimento do monólogo dramático, gênero tão antigo que exige duas condições para um bom funcionamento: um texto de qualidade e um grande ator, capaz de realizá-lo sozinho diante do público. Nos cinco monólogos em cartaz no momento, essas duas condições estão mais ou menos bem preenchidas.

No Teatro Oficina – local histórico-cultural ameaçado de destruição sem que haja uma explosiva reação por parte das autoridades e de toda a comunidade, especialmente da imprensa, como seria de esperar, ficando a luta pela sua preservação restrita a uma parte da classe teatral -, Breno Mooni, ator de experiência internacional, apresenta seu texto *Onde Estás?*, sobre a guerrilha no Araguaia. Acrescentando trechos bíblicos, o texto pretende, a partir do dado histórico, atingir a conotação mais ampla da luta pela liberdade. Com uma direção criativa de Olney de Abreu, até agora com experiência maior em teatro infantil, o espetáculo resulta num grande trabalho de ator, pela capacidade histriônica do intérprete, incorporando técnicas circenses, ainda que algumas vezes sem grande justificativa no texto. Uma restrição a fazer é a cena quase escatológica de paródia à missa, pois o desrespeito à crença alheia é um dos pontos de partida de todo fascismo, o que se torna numa contradição à resposta do espetáculo.

No Teatro Célia Helena, agora mais um local e curso de teatro, com um espetáculo juvenil de seus alunos – *A Barra dos Jovens* – com muita garra, Elias Andreato enfrenta o difícil monólogo de *O Diário de um Louco*, adaptação francesa para o teatro de um conto de Gogol, o autor de *O Inspetor Geral* e *Almas Mortas*, que firmou o realismo crítico no teatro e literatura da Rússia, na primeira metade do século passado. Com uma segura direção de Marcio Aurélio, que também fez a cenografia, combinando o elemento realista nos acessórios com a alienação fantasista no ambiente branco, Elias Andreato nos dá, com grande força interpretativa, a evolução e a degradação psíquica do personagem, até o patético apelo final, sem recorrer a apelos emocionais fáceis, mas pretendendo o espectador de princípio ao fim do seu trabalho.

Ricardo Bandeira se apresenta em dois espetáculos às segundas e terças no Teatro das Nações, com *O Jovem Karl Marx*, e de quarta a domingo na Biblioteca "Mário de Andrade", com *Eu, Sócrates. Corruptor da Juventude*. Este último, em que Ricardo Bandeira faz vários personagens, na tradição dos mimos medievais, já comentamos aqui quando de sua estréia, em dezembro de 1978. Com *O Jovem Karl Marx*, o nosso melhor, senão único mímico, continua a escolher personagens históricos ou teatrais como tema de seus monólogos, em que o integra o verbal com o mímico. Mas, como já havíamos anotado em "Sócrates" cada vez mais o verbal está predominando, sendo que em "Marx" a mímica sublinha apenas o texto falado, quando não é introduzida sem maior justificativa, como nas cenas da goma de mascar e a dos namorados, aliás já bastante conhecidas. Sendo um grande mímico, é pena que Bandeira não esteja explorando mais esse talento, ainda que tenha desenvolvido a um nível ótimo a sua capacidade interpretativa e comunicabilidade com a platéia. Sob o ponto de vista cênico em geral, porém, é preciso reconhecer que ele faz um excelente trabalho.

Paulo Yutaka fez o curso da EAD, trabalhou em várias montagens, foi para Portugal com José Celso, depois Amsterdam, voltando para o Brasil com uma grande experiência internacional. Seu trabalho, *Bom dia, Cara*, apresentado no Masp e agora no Lyra Paulistana, é um excelente cartão de apresentação. Na forma de pantomina, há momentos muito criativos, como o colchão na vertical, ou a criação do ator japonês com elementos simples. Acrescente-se a grande expressividade corporal de Yutaka, para termos um ótimo resultado cênico.

Índice

Apresentação - Hubert Alquéres	05
Um humanista na crítica teatral - Carmelinda Guimarães	11
Uma Breve Biografia	15
Textos de Clóvis Garcia	53
Fases do Teatro Brasileiro	53
Falta um elenco experiente a esta inteligente encenação	59
É o vento de alegria que varre nosso teatro	63
A não ser a proibição para menores, tudo o mais é bom	66
Um espetáculo correto mas sem profundidade	70
O *Panorama* é realista e bom	74
Um texto poético pouco aproveitado	77
Uma boa encenação do *Auto da Compadecida*	80
Uma proposta parcialmente bem sucedida	84
Os intrépidos rapazes fazem uma semana muito divertida	88
Criação coletiva de alto nível artístico	92
Jogo inteligente, de alto nível cênico	95
O drama resiste a qualquer encenação	98
Fantasmas ou Neurose	101
Uma Fiel Montagem de *Virginia Woolf*	105

Experiência gratuita 109

Satira bem Divertida 112

Uma Oportunidade para Rir sem Compromisso 116

Uma Fabula Poética 119

Collage não Mede Valor de Albertazzi 122

Espetáculo Desigual, Cheio de Intenções 125

A Peça se Perde pelo Barroquismo 128

Na Peça, um Excesso de Ensaios
Mal Aproveitados 131

Convence o Espetáculo de Cordel 134

Simbologia amplia dimensão de *Equus* 137

Peça Recria Tom Satírico do Circo 140

Pastoril Recriado com deformações. 143

Apenas Pitoresco, Quase Turistico, o
Musical Cearense. 146

O Teatro Universal do Grupo Espanhol 149

Encenação é Longa mais Muito Criativa 152

De Shakespeare e Beckett, com
Expressividade e Humor 156

Ritual Magico do Teatro 159

Maranhão Traz Espetáculo de Grande
Força Dramatica 162

A Direção de *A Moratoria* Encena o
Classico Com Rigor 165

Uma adaptação não muito feliz de Kafka. 169

Machado e o teatro numa boa montagem. 173

Um auto nordestino que permanece atual. 176

Critica Social e Absurdo, Ainda os Traços
de *Esperando Godot* 179

Violência e Preconceito em
Espetáculo Integrado 183

Mambembão Cumpre Objetivos
Mostrando Situação do Teatro 186

A Sombra da Morte na Caixa dos
Conflitos Contemporâneos 190

A Atualidade Brasileira numa Peça Obrigatoria 193

Trate-me Leão: um Espetáculo que
Justifica Prêmios e Elogios 197

Um Espetáculo Adulto de Teatro de Bonecos 200

Temporada rica e um teatro a menos 203

Em Busca da Renovação Cênica 206

Duas estréias promissoras no teatro:
do autor e do diretor 209

Um teatro original. E de nível universal 212

Um testemunho com boas interpetações 215

Os intérpretes, perfeitos na transfiguração
do caipira 217

Chico Buarque: compositor, sim.
Dramaturgo, não. 220

Mambembão: mais surpresas	223
O Dia da Caça, a violência em uma peça bem realizada	225
Baile Pastoril da Bahia, o ponte culminante do Mambembão	228
Um jogo cômico sem maiores preocupações	230
A realidade cultural do Interior, sem caricatura	232
O recomendável e o óbvio em mais duas comédias em cartaz	234
D. Rosita: no palco, um Lorca com muita poesia	237
Qualidade cênica, um belo espetáculo: *D. Quixote*	239
Nos palcos da cidade, 4 remontagens	242
Competência e realização	245
Talento, em Arrabal ou numa comédia	248
Linguagem livre, em *Abajur Lilás*	251
Realidade em dois tons: a análise séria e a sátira	253
Os caminhos do teatro português	256
Barrela: após 21 anos, a mesma força dramática	258
Teatro Negro: criatividade e beleza visual	260
O Melhor Espetáculo do Teatro Negro	263
A história recente no palco	265

Fim de Jogo, no melhor estilo de Beckett 267

Texto menor de Nelson Rodrigues
bem encenado 269

O simbolismo, dentro dos subterrâneos
das ditaduras 271

Atualidade permanente na velha
comédia de costumes 274

Comédia, alívio de tensões 276

Revista, em duas comédias 278

Casa Grande e Senzala, de volta às
raízes culturais 280

Problemas da juventude, tema de
três espetáculos 283

O ressurgimento do monólogo dramático 286

O Caso dos Irmãos Naves
Luís Sérgio Person e Jean-Claude Bernardet

Como Fazer um Filme de Amor
José Roberto Torero

De Passagem
Roteiro de Cláudio Yosida e Direção de Ricardo Elias

Dois Córregos
Carlos Reichenbach

A Dona da História
Roteiro de João Falcão, João Emanuel Carneiro e Daniel Filho

O Homem que Virou Suco
Roteiro de João Batista de Andrade por Ariane Abdallah e Newton Cannito

Narradores de Javé
Eliane Caffé e Luís Alberto de Abreu

Teatro Brasil

Alcides Nogueira - Alma de Cetim
Tuna Dwek

Antenor Pimenta e o Circo Teatro
Danielle Pimenta

Luís Alberto de Abreu - Até a Última Sílaba
Adélia Nicolete

Trilogia Alcides Nogueira - ÓperaJoyce - Gertrude Stein, Alice Toklas & Pablo Picasso - Pólvora e Poesia
Alcides Nogueira

Ciência e Tecnologia

Cinema Digital
Luiz Gonzaga Assis de Luca

Sonia Oiticica - Uma Atriz Rodrigueana?
Maria Thereza Vargas
Ugo Giorgetti - O Sonho Intacto
Rosane Pavam
Walderez de Barros - Voz e Silêncios
Rogério Menezes

Especial

Dina Sfat - Retratos de uma Guerreira
Antonio Gilberto
Gloria in Excelsior - Ascensão, Apogeu e Queda do Maior Sucesso da Televisão Brasileira
Álvaro Moya
Maria Della Costa - Seu Teatro, Sua Vida
Warde Marx
Ney Latorraca - Uma Celebração
Tania Carvalho
Sérgio Cardoso - Imagens de Sua Arte
Nydia Licia

Cinema Brasil

Bens Confiscados
Roteiro comentado pelos seus autores
Carlos Reichenbach e Daniel Chaia
Cabra-Cega
Roteiro de DiMoretti, comentado por Toni Venturi
e Ricardo Kauffman
O Caçador de Diamantes
Vittorio Capellaro comentado por Maximo Barro
A Cartomante
Roteiro comentado por seu autor Wagner de Assis
Casa de Meninas
Inácio Araújo

João Batista de Andrade -
Alguma Solidão e Muitas Histórias
Maria do Rosário Caetano

John Herbert - Um Gentleman no Palco e na Vida
Neusa Barbosa

José Dumont - Do Cordel às Telas
Klecius Henrique

Niza de Castro Tank - Niza Apesar das Outras
Sara Lopes

Paulo Betti - Na Carreira de um Sonhador
Teté Ribeiro

Paulo Goulart e Nicette Bruno - Tudo Em Família
Elaine Guerrini

Paulo José - Memórias Substantivas
Tania Carvalho

Reginaldo Faria - O Solo de Um Inquieto
Wagner de Assis

Renata Fronzi - Chorar de Rir
Wagner de Assis

Renato Consorte - Contestador por Índole
Eliana Pace

Rodolfo Nanni - Um Realizador Persistente
Neusa Barbosa

Rolando Boldrin - Palco Brasil
Ieda de Abreu

Rosamaria Murtinho - Simples Magia
Tania Carvalho

Rubens de Falco - Um Internacional Ator Brasileiro
Nydia Licia

Ruth de Souza - Estrela Negra
Maria Ângela de Jesus

Sérgio Hingst - Um Ator de Cinema
Maximo Barro

Sérgio Viotti - O Cavalheiro das Artes
Nilu Lebert

Coleção Aplauso

Perfil

Anselmo Duarte - *O Homem da Palma de Ouro*
Luiz Carlos Merten

Aracy Balabanian - *Nunca Fui Anjo*
Tania Carvalho

Bete Mendes - *O Cão e a Rosa*
Rogério Menezes

Carla Camurati - *Luz Natural*
Carlos Alberto Mattos

Carlos Coimbra - *Um Homem Raro*
Luiz Carlos Merten

**Carlos Reichenbach -
*O Cinema Como Razão de Viver***
Marcelo Lyra

Cleyde Yaconis - *Dama Discreta*
Vilmar Ledesma

David Cardoso - *Persistência e Paixão*
Alfredo Sternheim

Djalma Limongi Batista - *Livre Pensador*
Marcel Nadale

Etty Fraser - *Virada Pra Lua*
Vilmar Ledesma

Gianfrancesco Guarnieri - *Um Grito Solto no Ar*
Sérgio Roveri

Helvécio Ratton - *O Cinema Além das Montanhas*
Pablo Villaça

Ilka Soares - *A Bela da Tela*
Wagner de Assis

Irene Ravache - *Caçadora de Emoções*
Tania Carvalho